De la Autoestima al Egoísmo

DE LA AUTOESTIMA
AL EGOÍSMO

Un diálogo entre tú y yo

DEL NUEVO EXTREMO   integral

De la autoestima al egoísmo

Autor: Jorge Bucay
Diseño de cubierta: Opalworks
Fotografía de cubierta: Corbis
Compaginación: Marquès, S.L.

© del texto, 1999, Jorge Bucay
© de esta edición:
2005, RBA Libros, S.A.
Pérez Galdós, 36 - 08012 Barcelona
www.rbalibros.com / rba-libros@rba.es
1999, Magazines, S.A. Juncal 4651 (1425) Buenos Aires - Argentina

1ª edición: diciembre 2005

Ref.: OALR085
ISBN: 84-7871-499-5
Depósito legal: B. 48.839 - 2005
Impreso por Printer

ÍNDICE

Prólogo 7

Primera parte. De la autoestima al egoísmo 15

Segunda parte. Miedos 79

Tercera parte. Culpa 139

Prólogo del autor

En el camino de esta inesperada tarea que la vida me acercó, la de transmitir por escrito algunas de las cosas aprendidas de otros maestros y maestras, me enfrento permanentemente con una muy extraña situación: me encuentro, en Argentina, en México o en España con personas que me saludan, que me llaman por mi nombre o que me dan el trato que en general reservamos para un amigo o para un compañero de ruta y que sin embargo son a mis ojos absolutos desconocidos (por lo menos en el sentido en que definimos coloquialmente conocer a alguien). Lo que me extraña no es que a poco de hablar me quede claro que muchos de ellos sí me conocen, sino el ser conciente de que cada una de estas personas que se me acercan es parcialmente responsable de que yo haya podido hacer algunas de las cosas que más trascendencia han tenido para mi vida y mi desarrollo personal. Todo esto supone una experiencia fantástica y absolutamente desbordante, aunque para qué negarlo un poco sorprendente. Quizás tú ya sepas de esta casi obsesiva costumbre de reafirmar y explicar las cosas que intento y pienso, utilizando el recurso del cuento. Asocio con cierta facilidad las situaciones en las que me encuentro con historias, muchas veces ancestrales, que remedan o ilustran lo que pretendo decir. Los derviches, como los jasídicos y como los monjes zen, nos enseñaron que una forma privilegiada de transmitir el conocimien-

7

to es a través de parábolas y cuentos. De los sufís aprendí esta historia que reiteradamente ha venido a mi cabeza cada vez que sé o pienso que muchas personas escucharán atentamente lo que digo o leerán con interés y mentes abiertas lo que escribo.

Esta historia, como casi todas las parábolas de tradición sufí, la protagoniza el inefable Nasrudín. Un personaje singular que parece ser capaz de metamorfosis infinitas. A veces se presenta como un viejo decrépito, y otras como un muchacho ágil e inexperto. En ocasiones es un iluminado sabio y otras un torpe que no se entera de nada. Se nos muestra aquí como un mendigo, en la siguiente historia como una joven casadera y en la otra como un acaudalado sultán, aunque siempre se llama Nasrudín. Es muy posible que el hecho de que tantos personajes tan distintos entre sí se identifiquen con el mismo nombre sea el mejor modo de demostrar que también cada uno de nosotros podría ser Nasrudín. De muchas maneras todos representamos muchos personajes. Todos nos comportamos a veces como sabios, otras como tontos. A veces actuamos como jóvenes de fuerza inagotable y otras como si fuéramos decrépitos ancianos inválidos.

En esta historia, que hoy elijo para daros la bienvenida, Nasrudín es un hombre que, por alguna razón que no se sabe, ha adquirido la fama de ser un iluminado; es decir, alguien que ha logrado tener cierto conocimiento acerca de cuestiones que son importantes y trascendentes para todos los demás. En este cuento, sin embargo, esa fama que acompaña a Nasrudín es absolutamente falsa: él sabe que, en realidad, no sabe demasiado de las cosas importantes de la vida y que todo lo que los demás suponen que él sabe no es más que una creencia infundada, una exageración o una burla que se hizo rumor y cobró así la fuerza de la verdad. Nasrudín está convencido de que lo único que él ha hecho es dedicarse a viajar y a escuchar; pero sabe también que eso no alcanza para poder encontrar y transmitir las respuestas a las grandes preguntas.

No obstante, su fama lo antecede, y cada vez que llega a una ciudad o a un pueblo, la gente se reúne para escuchar su palabra creyendo que tiene cosas importantes y reveladoras para comunicar.

Nasrudín acababa de llegar a un pequeño pueblo de Medio Oriente. Era la primera vez que estaba en ese lugar, y sin embargo, apenas se apeó de su mula, una pequeña comitiva de habitantes le informó que en el auditorio mayor del pueblo se había reunido una multitud que, enterada de su presencia, lo esperaba para que les dirigiera unas pocas palabras. Nasrudín no pudo evitar ser conducido ante la gente que lo ovacionó tan solo al verlo acercarse. Nuestro héroe, que realmente no sabía qué podría decirles, se propuso improvisar algo que le permitiera salvar las circunstancias y terminar lo más rápidamente posible. El «disertante» se plantó ante la gente que aplaudía y, después de una breve pausa, abriendo los brazos, se dirigió a todos:

—Supongo... —empezó con gran ampulosidad— que ya sabéis qué es lo que he venido a deciros...

Al cabo de unos minutos interminables, se escucharon algunos murmullos y finalmente el pueblo respondió:

—No... ¿Qué es lo que tienes para decirnos? No lo sabemos. ¡Háblanos!

Nasrudín creyó ver una oportunidad de librarse de la incómoda situación y dijo:

—Si habéis venido hasta aquí sin saber qué es lo que yo tengo para deciros, entonces... no estáis preparados para escucharlo.

Y dicho esto, se dio media vuelta... y se fue.

Todos se quedaron de una pieza. Algunos ensayaron una risa nerviosa, suponiendo que Nasrudín volvería al podio, pero no sucedió. La confusión se adueñó de los asistentes, habían venido aquella mañana para escuchar al gran ilumi-

9

nado y el hombre se iba sencillamente diciéndoles esas pocas palabras.

Lo que pasó después, casi podría preverse. Nunca faltan algunos que presuponen que si no entienden algo, es porque lo dicho es sumamente inteligente y los que, sintiéndose incómodos en esas situaciones, se sienten obligados a demostrar cuánto valoran la inteligencia. Uno de ellos, que estaba presente, dijo en voz alta, mientras Nasrudín se alejaba:

—¡Qué inteligente!

Y, por supuesto, cuando alguien no entiende nada y otra persona dice: «¡Qué inteligente!», para no sentir que es el único tonto, repite: «¡Sí, claro, qué inteligente!» Muy probablemente por eso, todos los presentes comenzaron a repetir:

—¡Qué inteligente!

—¡Qué inteligente!

Hasta que alguno añadió:

—Sí, qué inteligente, pero... Qué breve, ¿verdad?

Y otro, que pertenecía al club de los que además necesitan disimular detrás de una explicación lógica lo que no la tiene, agregó:

—Es que tiene la brevedad y la síntesis de los sabios. Porque, como el maestro dice, ¿cómo es posible que hayamos llegado hasta aquí sin siquiera saber qué es lo que venimos a escuchar? ¡Qué tontos! Hemos perdido una oportunidad maravillosa.

—¡Qué iluminación, qué sabiduría!

—Tenemos que pedirle a ese hombre que ofrezca una segunda conferencia... —terminaron reclamando muchos a coro.

Así fue que decidieron ir a ver a Nasrudín. La gente había quedado tan asombrada por lo que había ocurrido en la primera reunión, que algunos habían empezado a decir que su conocimiento era demasiado profundo para transmitirlo en una sola conferencia.

Nasrudín les dijo:

—No, es justo al revés, estáis equivocados. Mi conocimiento apenas alcanza para una conferencia. Jamás podría dar dos.

Pero la gente comentó:

—¡Qué humilde!

Y cuanto más insistía Nasrudín en que no tenía nada para decir, mayor era la insistencia de la gente en que quería escucharlo otra vez. Finalmente, después de mucho empeño, Nasrudín accedió a dar una segunda conferencia.

Al día siguiente, el supuesto iluminado regresó al lugar de reunión, donde se había congregado aún más gente, pues todos los ausentes habían escuchado del éxito de la conferencia del día anterior. Muchos de ellos habían preguntado:

—¿Qué dijo?

Pero invariablemente los que habían asistido contestaban:

—No somos capaces de explicártelo, hay que escucharlo de su propia boca... Pero cuidado: si decides venir y pregunta si sabes qué ha venido a decirnos, hay que contestar que sí.

Nasrudín, de pie ante el público, seguía sin saber qué decirles, así que insistió en su táctica:

—Supongo que ya sabréis lo que he venido a deciros.

La gente, alertada, no quería ofender al maestro con la infantil respuesta de la anterior conferencia; de modo que todos dijeron:

—Sí, claro, por supuesto que lo sabemos. Por eso hemos venido.

Nasrudín, con la cabeza abatida, añadió entonces:

—Bueno, si todos ya saben qué es lo que vengo a decir, no veo la necesidad de repetirlo.

Se dio la vuelta y se volvió a marchar.

El público se quedó estupefacto, ya que aunque en este caso habían contestado todo lo contrario de la primera vez, el resultado había sido exactamente el mismo.

Después de un tenso silencio, otra vez alguien gritó:

—¡Brillante!

Era uno que había estado el día anterior y que ahora no quería dejarse ganar. Intentaba establecer que, esta vez, se había dado cuenta del mensaje antes que nadie.

Y cuando «los nuevos» oyeron que alguien había dicho «¡brillante!», no quisieron quedarse atrás:

—¡Qué maravilloso!

—¡Qué espectacular!

—¡Qué sensacional, qué estupendo!

Uno de los que si había estado el día anterior se puso de pie y anunció:

—¡Claro que es estupendo, es el complemento de la sabiduría de la conferencia de ayer! —intentando con esta frase marcar la diferencia de sabiduría con los que venían hoy por primera vez...

Todo se transformó en un gran aplauso, hasta que algún otro dijo:

—Fantástico sí, pero... Demasiado breve.

—Es cierto —se quejó otro.

—Capacidad de síntesis —justificó el experto que había hablado antes.

Y de inmediato se oyó a varias voces gritar:

—Queremos más, queremos escucharlo más. ¡Queremos que este hombre nos ofrezca más de su sabiduría!

Una delegación de notables fue a ver a Nasrudín para pedirle que diera una tercera y definitiva conferencia.

Nasrudín dijo que no, que de ninguna manera; que él no

merecía el elogio de ser invitado a dar tres conferencias y que, además, debía regresar ya a su ciudad.

Le imploraron, le suplicaron, le rogaron una y otra vez; invocaron a sus ancestros, a su progenie, a todos los santos, le pidieron que diera la conferencia en nombre de lo que fuera. Aquella persistencia lo persuadió y, finalmente, Nasrudín aceptó, un poco inquieto, dar una tercera y definitiva conferencia.

Una verdadera multitud se había reunido. En esta ocasión, la gente se había puesto de acuerdo: Nadie debía contestar lo que el maestro preguntara. Si hacía falta una respuesta, el alcalde del pueblo sería el portavoz. Él contestaría en nombre de todos.

Por tercera vez de pie ante al público, Nasrudín dijo:

—Supongo que ya sabréis lo que yo he venido a deciros.

El alcalde, desde la primera fila, se puso de pie, giró para dirigir una mirada cómplice al pueblo y casi desafiante dijo:

—Algunos sí y otros no.

En ese momento se produjo un largo aplauso que estremeció el auditorio. Luego todos hicieron silencio y las miradas se posaron en el maestro.

Nasrudín respondió:

—En tal caso, que los que saben les expliquen a los que no saben.

Y con un giro casi teatral... se fue.

Recuerdo esta historia por dos o tres razones importantes. La primera, porque yo seguramente no sé lo que algunos creen que yo sé. La segunda, porque el Jorge Bucay que quienes me leen conocen a través de los libros es una síntesis de las cosas que como dije aprendí de otros, verdaderos sabios y maestros con los que me he cruzado, y que escribí únicamente en los mejores momentos de mi vida. De hecho, estos son los únicos momentos en los cuales puedo escribir. Como lo he dicho miles de veces, yo no soy un escritor, soy un médico o un psiquiatra o un docente que escribe, pero no un escritor; y seguramente por eso, para sentarme a poner mi pensamiento en palabras necesito estar en alguno de esos buenos momentos. Y la tercera razón por la que recurro a esta historia es porque todos estos diálogos se refieren a temas de los que más que probablemente tengas ya una opinión o incluyan aspectos que conoces y dominas quizás mucho mejor que yo; por lo menos para el ámbito de tu propia vida. Mi intención no es pues la de asombrarte con mis ideas (aunque quizás alguna te subleve un poco) sino obligarte a repensar las tuyas y sistematizar aquellas en las que coincidimos. Así aprendemos casi todo lo que sabemos, estando alerta cada vez que los que más saben nos enseñan a los que menos sabemos. Para que no te aburras ni me aburra yo, como cada vez que nos encontramos, voy a necesitar tu colaboración, y como no te tengo, me voy a tomar el permiso de imaginarte. Son tus preguntas las que me mantendrán alerta, me estimularán y convocarán, a veces sí y otras no, lo mejor de mí. Gracias por estar ahí de visita involuntaria en mi querida Nerja.

PRIMERA PARTE

DE LA AUTOESTIMA AL EGOÍSMO

Nerja es una de las ciudades más bellas del mundo y el Balcón de Europa uno de los sitios en los que más me gusta estar de todos los que tuve oportunidad de conocer gracias a mis libros. Aquí, aunque sé que estoy en tierra firme, me doy cuenta de que el mar me rodea y, si me dejo fluir, nace irremediablemente en mí la sensación de estar en él, navegando o flotando. El azul es siempre intenso, el día siempre luminoso, la gente siempre amable, respetuosa y sonriente.

Mi paseo cotidiano comienza cada mañana entrando por unos minutos a la Iglesia del Salvador, de allí una vueltecita por el Balcón y mi parada obligatoria en el barcito que se «asoma» al acantilado en cuya terraza desayuno cada mañana tomando siempre lo mismo (una tostada de aceite y tomate, un café doble con sacarina y un agua con gas). Después una caminata hasta Burriana, por la calle de los Carabeos, para volver por la Ermita hasta la playa de Torrecillas (pasando claro por el barco de Chanquete, donde se filmaran las recordadas escenas de *Verano azul*).

Este es el entorno en el que te imagino, para sentarnos a charlar, a compartir e intercambiar ideas; aunque este imaginario tiene una ayuda. Hace unos años, cuando decidí pasar el tiempo que vivo en España en esta ciudad, solía quedarme horas sentado en un banco del Balcón mirando el mar y agradeciendo mi suerte. Una tarde apareció una mujer joven, con cara de sorprendida, que muy sonriente me señalaba con el dedo mientras me decía: «¿Bucay?... ¿Es usted Jorge Bucay?... ¿El escritor?...» Era la primera vez que alguien que no era argentino me reconocía en la calle y se acercaba a saludarme. Yo me puse de pie y nos dimos dos besos. Después de los halagos, que agradecí, ella me dijo si podía hacerme una pregunta, porque había algo en mi libro de la autodependencia que no llegaba a comprender. Yo acepté, por supuesto, y durante las siguientes dos horas nos quedamos hablando de mis ideas y de su vida, de su familia, de su embarazo de cinco meses, de su trabajo. Me gustaría poder transmitir en palabras la gran emoción que sentí. Es siempre muy difícil explicar un momento fenomenal a quienes supones que no lo han vivido, pero lo importante es que quiero que sepas que en esta mujer de mi recuerdo, con la cual todavía me encuentro de cuando en vez, he querido imaginarte a ti y a todos los lectores de estas páginas. Las preguntas que seguidamente aparecen son para mí las tuyas y los comentarios de esta mujer las que muchas veces he escuchado en las conferencias en boca de muchos de los que, como siempre digo, han hecho de mí esto que soy.

—*Estuve en más de una de tus conferencias y he leído casi todos tus libros, y siempre me quedo con la misma sensación: todo está muy bien. Lo que Jorge dice es claro y estoy de acuerdo en la mayoría de las cosas, pero es muy difícil. Las cosas no son así para todo el mundo.*

—A mí me alegra que me digas que es difícil.

—¿*Por?*

—Porque decir que es difícil es admitir que es posible, y eso me parece que es un avance. Hasta no hace demasiado los comentarios que escuchaba acerca de mis planteos iban desde imposible hasta ficticios... Difícil... ¡Me gusta! Después de todo qué tiene de malo que sea difícil... Quizás sea más fácil ir por la senda que todos van, acatando lo que todos repiten, sin cuestionarlo nunca, pero te aseguro que eso conspira contra tu crecimiento.

Si nos ponemos a pensar en cómo ha sido la evolución de la historia de la evolución del conocimiento humano, advertimos que en cualquier área ha ocurrido más o menos lo mismo. Voy a demostrártelo con un ejemplo, para que entiendas lo que quiero decir.

Observa este dibujo:

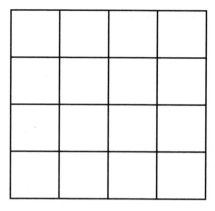

—¿Lo ves? Ahora dime, ¿cuántos cuadrados hay aquí?

—*Dieciséis.*

—Apuntaré 16 junto a la cuadrícula. Míralo una vez más y dime: ¿cuántos cuadrados hay?

—*Dieciséis... Ah... No, espera, son diecisiete, contando el cuadrado grande...*

—Apuntaré entonces 17 debajo de 16. ¿No hay más?

—Bueno, ahora creo que hay más de diecisiete; me parece que son veintiuno.

—Muy bien, pondré 21 debajo del...

—*No, espera, espera, son veintidós, no había visto el del centro.*

—¿Cuántos te parece que son en definitiva? Parecería que dieciséis. Pero luego has visto más de dieciséis... ¿Cuántos cuadrados ves aquí dibujados?

—*A ver... Veintidós... y cuatro de las puntas... Veintiséis... Creo que son veintiséis.*

—Anoto 26 y vuelvo a preguntarte: ¿cuántos cuadrados hay aquí dibujados?

—*Mmm... Me parece que antes me equivoqué, son treinta porque hay algunos más grandes...*

—30. Anotado está. ¿Cuántos cuadrados hay?

—*Pues ya no lo sé... Parece que cada vez que miro aparecen más y más... Estoy liada... Déjame contar... ¿Treinta y dos?*

—Hace muchos años empecé a darme cuenta de todo lo que no sabía y de cómo ni la medicina, ni la psicología podrían aportármelo. Decidí que tenía que estudiar un poco (aunque sea un poco) de filosofía y de antropología y me di cuenta de que no podía hacerlo solo. Con la complicidad de mis colegas y amigos le pedí a la rectoría de la Universidad del Salvador que me aceptara como concurrente en algunas materias de su carrera de Filosofía. Yo no tenía intenciones de graduarme, ni de promocionar cursos, sólo quería aprender. En la primera clase de introducción al conocimiento científico, el docente dibujó esta misma cuadrícula en la pizarra y nos hizo la misma pregunta que te hice a ti. De allí y hasta casi el final de la clase todo sucedió exactamente igual que entre nosotros: la única diferencia fue el resultado final que en el curso fue de 240 cuadrados. Una vez apuntados los números que entre todos habíamos dicho dejó la tiza y nos dijo:

De lo sucedido se pueden deducir todas las condiciones necesarias para explicar el proceso de la evolución del conocimiento humano, un devenir en el cual se define toda la historia de la humanidad. Una y otra vez sucede que alguien dibuja, encuentra o inventa algo —no importa qué— y pregunta a los demás qué ven. Es parte de nuestra naturaleza gregaria. Pero la humanidad avanza no sólo por lo que alguien muestra y pregunta, sino sobre todo apoyada en estos sucesos que se repiten hasta el cansancio.

Muchas veces en la historia alguien decide no querer quedarse con la primera respuesta aunque sepa que es correcta. El que pregunta acepta la respuesta pero sigue preguntando: ¿cuántos cuadrados hay? (y que conste que 16 es una respuesta absolutamente correcta). Seguir preguntando es el primer pilar.

Alguien ve lo que antes nadie había visto, o muchos ven lo que nadie había notado, pero alguien se anima a decirlo. Este es el segundo pilar de la evolución. Alguien se anima a decir 17. Corre el riesgo de equivocarse, de ser tratado como un idiota, de ser burlado, de dejar de ser oído de allí en adelante. Pero se anima y dice 17. Desata así un maravilloso efecto dominó. Todos los demás se dan cuenta de que hay más para ver: en nuestro ejemplo, los alumnos descubrimos que valían los cuadrados de diferente tamaño, y empezamos a «descubrir» los otros cuadrados ocultos. Un cuadrado grande de 4x4, cuatro cuadrados de 2x2 (uno en cada ángulo), un cuadrado más de 2x2 en el centro del cuadrado grande, cuatro cuadrados de 2x2 en el medio de cada lado del cuadrado mayor y cuatro cuadrados de 3x3 uno en cada ángulo; que sumados a los primeros 16 da la también correcta respuesta de 30: todo los que yo soy capaz de ver hasta hoy. Ver lo que otros no ven y arriesgarse a decirlo es el segundo pilar.

—*Pero después de decir 30 seguiste preguntando. Eso es hacer trampa...*

—No creo. Eso es confirmar el primer pilar (seguir preguntando después de cualquier respuesta) y además un intento de ayudarte a que veas el tercero. La humanidad avanza no sólo porque el que más sabe sigue preguntando si hay más que lo que él ve, sino también porque alguien se anima a decir que ve lo que no hay. Este es el tercer pilar: que alguien nos fuerce a revisar lo que sabemos, que nos obligue a dudar y nos condene a no confiar en nuestras respuestas como definitivas e inapelables.

Es decir, cada vez que alguien se animó a decir que había algo más de lo que se veía en apariencia, otros se animaron a buscarlo también y en su búsqueda pudieron ver más aún. La humanidad actúa así y para que siga progresando hace falta que algunos sigan preguntando, que algunos descubran lo oculto y también, hay que admitirlo, que algunos crean ver lo que no existe.

—*Pues a mí me gustaría que me enseñaras a ver algunos «diecisiete» y que me ayudaras a descubrir los treinta de cada cuadrícula.*

—Puedo intentarlo si te comprometes a no olvidar que tú puedes ver cosas que yo no veo y recordar que a veces yo estoy seguro de ver lo que en realidad no existe. Si me prometes desconfiar de lo que te digo, estoy dispuesto a que nos juntemos de vez en cuando «a ver cuadrados».

—*Trato hecho. ¿Podemos empezar ahora?*

—Ahora mismo.

—*A nuestro alrededor todo el mundo habla de autoestima. Algunos como un lugar fantástico de llegada y otros como una estupidez inventada por los psicólogos para justificar su trabajo. ¿Tú cómo lo ves?*

—La autoestima es un bien muy preciado, indispensable parte de la salud mental.. Ese es mi «cuadrado diecisiete». Busca tú los demás. ¿Qué significa o qué es para ti la autoestima? ¿Qué quiere decir esta palabra? Se trata de un término muy utilizado pero absolutamente abstracto.

—*Yo diría que es un sinónimo de quererse uno mismo.*

—¿Y qué más?

—*Cuidarse.*

—¿Alguna otra cosa?

—*La manera en que uno se ve a sí mismo.*

—Sigue, por favor...

—*Aceptarse. Hacerse respetar.*

—¿Eso es todo?

—*Hacer buenas elecciones.*

—Y...

—*Superarse.*

—¡Muy bien! Bonita palabra «superarse».

—*Puede ser perdonarse incluso... Y ocuparse de crecer también.*

—¿Te parece que hay algo que falta para esta definición?

—*Arriesgarse, concretar el deseo.*

—¿Se te ocurre algo más...?

—*Creo que me queda solamente el reconocimiento de la propia capacidad.*

—Muy bien, si no aparecen más cosas, es mi turno. Aunque seguramente no podemos estar demasiado lejos de la verdad. Etimológicamente la palabra se puede traducir por estimarse uno mismo, pero esto conduce a otra duda ¿qué querrá decir «estimar»?

—*Supongo que es equivalente a sentir afecto... a tener aprecio...*

—Podría ser. De hecho así lo usamos vulgarmente, decimos «lo estimo» cuando no nos animamos a decir lo quiero. Pero si prescindiéramos de este uso coloquial nos acercaríamos más a esa segunda palabra que dijiste: aprecio. Aprecio que viene de precio, de ponerle precio a algo, de darle un valor. Parados donde estamos poco importa la acepción afectiva de la palabra; nos interesa registrar aquí que el término conecta con algo valioso o valuable. Un bien muy estimado es deseado y valioso. Ahora que lo pienso, utilizarlo en relación a lo afectivo por extensión, no está nada mal: sugiere que si tú quieres, valoras. Entonces y si en este contexto al menos estimar es valorar, la autoestima es...

—*Valorarse uno mismo.*

—Muy bien. Como su nombre lo indica una buena autoestima es una buena capacidad de evaluarse a sí mismo y de encontrar las cosas valiosas de uno. Es ser capaz de valorarse adecuadamente. Digo adecuadamente... porque no quiero dejar que alguien piense que es señal de una buena autoestima pensar que yo soy lo que no soy: que yo me crea que yo soy alto, rubio y de ojos celestes, porque me parece que sería mejor ser así aunque no sea mi aspecto verdadero (y como verás no lo es); eso sería una negación de la realidad o un delirio, cuando mucho una expresión de deseo, pero nunca una buena autoestima. Me encuentro cada día con los que viven asegurándoles a los tontos que son genios creyendo que con esto aumentan su autoestima cuando en realidad lo están sustituyendo por una burda hipocresía, cuando no con una burla perversa. No es así. La autoestima alta de un tonto debería expresarse afirmando: «Sí, en algunos aspectos soy un poco tonto, ¿y qué? ¿Por qué todo el mundo tiene que ser inteligente? ¿Por qué algunos no podemos ser tontos? ¿Qué pasa, los tontos no tenemos derecho a vivir, acaso? ¡Hay muchas cosas que puedo hacer tan bien como otros y unas pocas puedo hacerlas mejor que la mayoría!». Supongamos ahora mismo que yo soy un tonto (no hay que ser demasiado imaginativo, pensarás…). Pregunto: ¿Y qué si lo soy? Es más, estoy seguro de que no miento ni exagero si aseguro que en algunos aspectos de mi vida soy un «boludo», como se dice en mi país. Un tonto retonto. ¿Pero cuál es el problema de que sea así? ¿Por qué tendría que ser siempre ordenado, eficiente y eficaz? ¿Por que debería tener siempre la respuesta más correcta y adecuada o hacer siempre lo que se debe hacer? Pues no, en algunos aspectos de mi vida soy flor de boludo! Si te soy sincero, hace mucho que ha dejado de molestarme admitirlo. Y esto es tener la autoestima puesta en su lugar; saber sin avergonzarme que hay aspectos en los que tengo ciertas capacidades y saber sin avergonzarme tampoco que hay otros en los que no las tengo. Allí en ese hueco habitan todas mis incapacidades y mis discapacidades. Las mías y las de todos. Porque, nos guste o no, de alguna forma todos somos incapaces en algo y en alguna medida, todos somos discapacitados.

—*La verdad es que entiendo muy bien lo de ser discapacitados y aceptarlo, pero no así lo de las incapacidades. Yo puedo aprender a hacer algo que antes no era capaz de hacer…*

—Puedes, pero sólo a veces: no siempre. Y en caso de que sea posible el progreso estará siempre atado a un aprendizaje que te haya impuesto un deseo propio; pero difícilmente sucederá cuando todo ese aprender esté diseñado para intentar satisfacer a otros. ¿Por qué tendría yo que aprender a hacer lo que, por ejemplo, no quiero? ¿O aquello para lo que simplemente no estoy dotado? ¿Debería forzarme a aprender a tallar la madera si algunos a mi alrededor me dijeran que no soportan mi incapacidad? Yo no tengo ganas y no creo que sea saludable hacer algo así en función de los demás. Sin embargo, como te digo esto te digo lo otro. Cuidado con escudarme en «mis incapacidades» para justificar mi flojera o utilizarla como excusa para que otros hagan para mí lo que no quiero hacer yo por mí. No plancharme mi ropa, no limpiar mi casa o no ordenar mi cuarto no pertenecen al club de las cosas en las cuales me pueda declarar incapaz...

—*Pero uno tiene que aprender. A mí me pasa que cuando aprendo algo me siento mejor.*

—Muy bien. Cuando uno se confronta con algunas de sus incapacidades se siente mejor aprendiendo, y es bien bonito sentirlo así. El único peligro es establecer como premisa que sería mejor que yo no fuera como realmente soy. En otras palabras: qué bueno sería yo si tuviera las capacidades de las que carezco, si manejara las habilidades que no poseo, si tuviera lo que no tengo. La perversa idea de «qué bueno sería que yo me pareciera más a ese que los demás quisieran que yo fuera».

El problema de la baja autoestima se hace evidente cuando lo vemos desde este ángulo... Cuando sólo nos evaluamos desde la óptica de los otros.

Por si no queda claro, si soy un adulto (esto no vale para los niños y los adolescentes) y es mi decisión y mi deseo llenar un hueco de mi potencial capacitándome para poder enfrentar algún desafío, debería hacerlo, pero que sea porque yo quiero y no solamente para agradar a los demás. Por eso, hay que tener cuidado con hacer pasar la valoración de mí mismo por las capacidades que *se supone* que debo tener.

Es correcto que uno quiera seguir creciendo, tener ganas de saber más, tener el deseo de cubrir las propias incapacidades con conocimiento, crecimiento y desarrollo. Pero no hay que perder de vista que hay una trampa sutil —no es algo tan constructivo como parece— que permanece solapada tras esa concepción. Es un circuito que se inicia con nuestra idea del *deber ser*. Déjame que te haga un dibujo:

En esta instancia comienza todo. Cada uno llega a su madurez portando una imagen de lo que sería el Yo ideal.

YO IDEAL

Para mí, el Jorge que yo debería ser es el Jorge minucioso, ordenado, flaco, inteligente. Para ti quizás sea lo que tus padres o tíos o maestros te dijeron que deberías ser. Algún otro sentirá que debería ser la persona que su religión le señaló que sería correcto que fuera. En fin, un *Yo ideal*, un Yo sublime, un Yo inmejorable.

Pero yo sé también que hay un **Yo real**, un Jorge verdadero, tangible y obvio, que no es el que debería ser, sino el que realmente soy. La diferencia entre estos dos conceptos es lo que genera conflicto. Me molesta tomar conciencia del déficit que aparece como resultado si realizo la operación de restarle al Yo ideal el Yo real. Cuanto más importante es el resultado al compararlos, más conflictiva es la conciencia del déficit. Grande o pequeña, esa conciencia siempre empuja en mí una decisión:

La decisión de cambiar.

Si lo ponemos en el gráfico tendremos algo así:

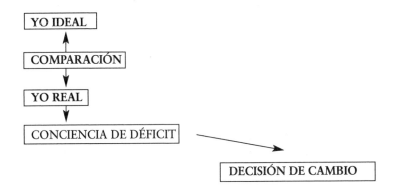

Para sostenerme en esa decisión cuento con mi Autoexigencia, que me recordará todo el tiempo que «lo que cuesta, vale». Y me forzará entonces a hacer lo que sea necesario para cambiar, para conseguir ser como se debe.

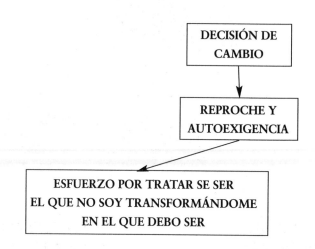

Más pronto o más tarde me doy cuenta de que, por mucho que me empeñe, no consigo ser el Jorge ideal. Tomo conciencia de que no puedo ser tal como me enseñaron o me dicen que «debería». Y entonces me frustro. Me siento un fracasado.

De ahí en adelante, el resultado es previsible: la autoexigencia, sumada al esfuerzo en vano más la contínua frustración del fracaso, terminan por agotar mi deseo, mi energía y mi voluntad de hacer. Una suma de sensaciones displacenteras que en mi especialidad aparecen muchas veces asociadas a los cuadros depresivos y que aparecen tempranamente bajo la forma de una brutal caída de la autoestima.

Como es de esperar, la caída de la autoestima termina deteriorando la imagen que tengo de mí mismo, con lo cual, la diferencia entre lo que soy y lo que debería ser aumenta...

IDEAL

REAL

COMPARACIÓN
CONCIENCIA
DE DÉFICIT

BAJA DE
AUTOVALORACIÓN

AUTORREPROCHE Y
DECISIÓN DE CAMBIO

FRUSTRACIÓN

AUTOEXIGENCIA

ESFUERZO POR TRATAR DE SER EL QUE NO SOY
TRANSFORMÁNDOME EN EL QUE DEBERÍA SER

Como ves en el esquema, la mayor distancia que veo entre el lugar donde me encuentro (o creo que me encuentro) y el lugar en el que debería estar (o creo que debería estar) enfatiza la conciencia de déficit; con lo cual más autoexigencia, más autorreproche, más esfuerzo y más frustración.

Es un círculo vicioso, un callejón sin salida. El mecanismo neurótico por excelencia.

—*¿Y no hay salida?*

—Tranquila. Que cuando los sesudos científicos no saben qué hacer, siempre aparece un poeta o un humorista para señalar el camino. Hay un humorista argentino a quien yo considero un verdadero poeta. Él firma sus comentarios y dibujos con el seudónimo «Landrú». Hace muchos años publicaba en Buenos Aires una famosa revista llamada *Tía Vicenta*, prohibida en tiempos de la dictadura militar. Recuerdo que en la portada de la publicación siempre aparecía a modo de epígrafe alguna frase, invariablemente brillante. Uno de esos epígrafes, que nunca olvido, trae la respuesta a tu pregunta.

Escribía Landrú en *Tía Vicenta*:

Cuando se encuentre en un callejón sin salida,
no sea idiota, salga por donde entró.

—*Es muy bueno...*

—Ya veo que te ha hecho reír... Ahora si éste es un callejón sin salida, te pregunto: ¿Por dónde entré?

—*Lo primero que apuntaste fue el Yo ideal.*

—El Yo ideal. Exactamente. ¿Y qué es este Yo ideal?

—*Mi idea de cómo debería ser yo, o el resultado de mi educación, o lo que la sociedad quiere que yo sea... Dijimos varias cosas...*

—¡Muy bien! Todo eso. Por lo tanto, si quiero escapar de ese callejón —y lo más probable es que empiece a sentir la prisa por salir del círculo cuanto más conciencia tenga de lo atrapado que en él me encuentro—, lo que debo hacer es empezar por deshacerme de la idea del Yo ideal. Vuelve a mirar el gráfico que hicimos y fíjate lo que sucede si tachamos ese Yo ideal.

—*Si cancelo la idea de que debo ser de una manera determinada, sólo queda el Yo real.*

—Exacto. Y si no hay con qué comparar, no existe la conciencia del supuesto déficit, no hay necesidad de autoexigencia ni motivo de reproches. No habrá que esforzarse en querer ser lo que no se es ni frustración por no conseguirlo. Librados de los mecanismos de autotortura, la autoestima florece. El autorreproche se reemplaza por complacencia de cada uno con lo que es y el esfuerzo con el natural deseo de hacer las cosas cada vez mejor. Todo esto, por supuesto, mejora la imagen que tengo de mí mismo y, en consecuencia, me sitúa en las mejores condiciones para que aflore el más lúcido de mis Yo interiores. El Jorge más claro, el más trabajador, el más pertinente, el que realmente me acompañará en el camino de mi desarrollo personal, el que seguirá conmigo para que en cada momento yo sea «el mejor Jorge» que yo pueda ser, aunque no se parezca siquiera al que los demás pretenden que yo sea.

—*¿Y qué se hace con la gente que nos dice todo el tiempo cómo deberíamos ser?*

—El problema no es qué hacemos con esas personas, el punto es qué hacemos con nosotros, frente a sus reclamos.

—*Sí, claro, pero igual me preocupa qué hacer con ellos...*

—¿Por qué no dejarlos ser? Después de todo, ellos también tienen, por lo dicho, todo el derecho de ser como son: pesados, autoritarios, reiterativos, perfeccionistas y hasta paranoicos. Y tú tienes, por supuesto, el derecho de escucharlos, tolerarlos, desobedecerlos, ignorarlos, echarlos o abandonarlos.

—¿*Qué pasa cuando se ponen esos límites pero no los entienden?*

—Supongo que los pones de nuevo.

—¿*Y si siguen sin entenderlos?*

—Los explicas de otra manera o pides ayuda a alguien que pueda hacer comprender lo que tú no consigues explicar.

—*Pero debes admitir que hay veces que igual no te aceptan los límites.*

—Si después de haberlo dicho con claridad, de haberlo explicado, de haberte tomado tiempo, de haber agotado los recursos de ayuda externa y de haber tenido la paciencia suficiente para respetar el tiempo del otro, sigue violando tus espacios, sólo te queda hacerle un regalo simbólico: un paquete de caramelos M&M. Así lo entenderá.

—¿*Qué es lo que va a entender?*

—Entenderá el aviso de la consecuencia de su tozudez.

—*Yo* tampoco *lo entiendo: ¿Cuál es el aviso que viene con un M&M?*

—A ver si te hago reír un poco, que vienes demasiado seria. Es una vieja broma que gasto cuando me hacen esa pregunta. Si después de haber puesto límites, de haber insistido, de habértelo dicho de mil maneras y de pedirle a otro que me ayude a decírtelo, si tú sigues sin entender, entonces te aviso con un M&M: «**¡Me Marcho!**»

—¡*Qué gracioso! Conozco a algunos que debería regalarles algunos dulces.*

—Volvamos a la autoestima. Dijimos que estimar significa evaluar, más allá de lo que se supone que uno debería ser o debería no ser: esto es, reconocer el valor de cada uno. Un valor que está mucho más allá de las cosas que me faltan por aprender, más allá de mis incapacidades, independientemente de lo que mi esposa dice que quisiera de mí, de lo que mis amigos pretenden que haga, de lo que la sociedad en la que vivo necesita de mí, más allá de lo que a algún otro le gustaría que yo fuera y de lo que a todos les convendría que hubiera sido.

Ahora bien. ¿Ser valioso para quién? ¿Sólo para uno mismo? Y, más allá de uno mismo, ¿qué valor podríamos tener nosotros, mediocres habitantes del planeta, perdidos entre miles de millones de seres como uno?

Quiero recordar aquello que decía la Madre Teresa de Calcuta y que resulta tan espectacular. De vez en cuando alguien le reprochaba: «Hay tanta miseria en el mundo, Madre Teresa, que lo que usted hace aquí, con la cantidad de gente que viene al centro de asistencia, no soluciona nada, esta tarea no es significativa»... Ella respondía: «Es verdad, todo lo que yo hago es como una gota en el océano y sin embargo, si yo no hiciera lo que puedo, al océano le faltaría una gota».

Desde esta perspectiva, el valor que cada uno de nosotros tiene en el universo en el que vivimos, todo lo que somos y todo lo que hacemos es apenas una gota en el océano, pero para que el océano esté completo, hace falta nuestra gota. Cada cual va a tener que darse cuenta, tarde o temprano, de cuál es el valor que tiene. Y para eso va a tener que hacer algunas cosas. Como no quiero que te olvides de lo que sigue vamos a resumir los componentes de una autoestima sana en la palabra Valor. Voy a apuntarla así, de arriba hacia abajo y voy a usar cada letra para un concepto:

V
A
L
O
R

El valor que tenemos por el solo hecho de ser quienes somos es el tipo de valor que tenemos que empezar por tener en cuenta. Es decir, en el comienzo de todo proceso por ser una persona que se sabe valiosa está el descubrimiento de la importancia de correr el riesgo implícito en ser auténticos. Saber que uno es valioso por el hecho concreto de ser quien uno es, y eso sólo sucede si tomo la decisión de ser **verdadero** todo el tiempo y en cualquier situación.

Esta idea está íntimamente relacionada con el concepto de aceptación. Aceptarse es, como todos los terapeutas sabemos, uno de los desafíos del camino de mantenerse sanos y también de cualquier intento de recuperar la salud. Significa dejar de pelearme conmigo mismo, no enfadarme por no ser como los otros quieren que yo sea, no castigarme por no ser por el momento como a mí me gustaría. Muchas veces no ser como los otros esperan que uno sea es lo mejor que podría estar pasando.

Una vez más sugiero que no asocies esto al proceso educativo. Cuando nosotros educamos a otros, por ejemplo cuando somos padres, durante mucho tiempo y hasta que el hijo se convierte en adulto, vamos efectivamente marcándole el camino. Intentamos decirle cómo sería mejor actuar y qué actitudes evitar. Vamos haciendo, para bien y para mal cientos de señalamientos. Para justificarnos nos decimos con mucha razón que educar sin metas, sin desafíos, sin enseñarles el esfuerzo, sería muy difícil. Y quizás se pueda si nos damos tiempo. Si bien es verdad que parte del proceso educativo transita por decisiones que uno toma por otros, también pasa por la decisión del educador de ceder el poder y la responsabilidad de las futuras decisiones de cada uno a cada quien. Para ello una de las claves es por supuesto enseñar a postergar el placer.

No hay nada malo en aceptar que la educación no es democrática. Así hemos actuado con nuestros hijos y así han actuado con nosotros nuestros padres. El peligro es otro: está en que por esa vía, la de cuidar y educar, se nos cuele el mandato de que hay que ser de una determinada manera para ser valioso y esto es lo que hay que desterrar del pensamiento. No hay que ser de ninguna manera determinada para ser valioso. Para serlo verdaderamente, lo primero es ser exacta y exclusivamente *como soy.*

—*El valor del cambio. El desarrollo como tú lo llamas. No hay que mejorar. Ser el mejor tú, como lo acabas de decir.*

—Si algún cambio me espera sólo sucederá saludablemente si partimos de aceptar que somos lo que somos. En un ejemplo que siempre doy, nunca dejaré de ser gordo, si no acepto lo gordo que estoy, si no dejo de estar peleado con mi cuerpo, porque adelgazar requiere de un cuidado más que amoroso de mi cuerpo, lo que no significa que con la aceptación sea suficiente. Si vamos a cambiar, como hemos mencionado antes, vamos a hacerlo a partir de nuestra **decisión de mejorar,** y nunca creyendo que ahora no valemos nada y que después del cambio vamos a valer, o que es inaceptable que seamos así o que tenemos el deber de ser de otra manera.

—*¿Estás diciendo que no tengo que esforzarme en ser mejor?*

—Sí.

—*Tú estás loco...*

—Sí. Pero no sé si es en este punto donde se apoya «mi locura». Hay algo que no concuerda, que se desliza y resbala por mi cabeza cuando oigo frases que se inician con un «tengo que»: tengo que capacitarme, tengo que aprender, tengo que ir a visitar a mi madre, tengo que ir a cenar con fulano... Suelo decir y confieso que me agrada repetir y es que no «tengo que» nada. Para pulir esta idea un poco más, en todo caso, si es mi **deseo,** mi conveniencia o mi antojo, entonces sí, lo haré porque habrá sido una decisión mía. La autoestima está funcionando, y si es así las cosas que haga, inevitablemente, van a redundar en crecimiento personal y, sin duda, voy a querer superarme, pero no a causa de sentirme inservible, sino como resultado de sentirme bien, y sentirme bien no descarta la idea de que puedo ser mejor. **Superarse en todo caso** quiere decir: hoy estoy bien y mañana seguramente estaré aún mejor. Y no: hoy estoy mal y mañana voy a estar bien. La mejor actitud de superación personal nunca es la que parte *del desprecio o de la desaprobación* hacia uno mismo en el presente. ¿Y qué cambia?, me preguntarás. Cambia en que sólo partiendo de aceptarme sabré que estoy siendo verdadero, me acepto a mí mismo y me reconozco libre.

—*Me pregunto si existe una libertad como esa, tan absoluta.*

—Qué bueno que te lo preguntes, porque el tema de la libertad nos lleva a nuestra segunda palabra, la que se corresponde con la letra A: la palabra **Autonomía.** Uno podría hablar un día entero sobre el significado de la libertad. Refiriéndonos a la autoestima, la libertad de la cual hablamos está menos vinculada a la libertad de acción y más relacionada con la elección de las pautas y normas que rigen nuestras decisiones. Si analizamos la etimología de la palabra, como ya hemos hecho antes con otras, veremos que el término *autonomía* combina nuestro viejo conocido prefijo «auto-» con otra raíz: «nomo». Y este «-nomo», no procede de «nombre» ni de «nómina», sino de «norma». Autónomo define a una persona capaz de fijar sus propias normas. Son aquellos que deciden por sí mismos qué es bueno y qué es malo, qué es correcto y qué no lo es, pero no anárquicamente sino revisando lo hecho o lo sucedido a la luz de su propia escala de valores.

—*Me recuerdas a una amiga que tengo: cada vez que nos*

detenemos a charlar, me cuenta sus cosas y termina diciéndome: «Al final hice esto, ¿estuve bien o estuve mal?». O peor aún: «Voy a hacer tal cosa. ¿A ti qué te parece?». Me siento como si estuviera en una de esas encuestas de jabón. Cuando me despido, tratando de no contestarle, me la imagino dándose un paseíllo por el mercado contándole a todos sus desventuras conyugales y luego preguntándoles si debe separarse o no...

—Pues yo me la imagino de regreso en su casa contando los resultados: «28 respuestas que sí y 12 que no: me separo». ¡Qué ridículo! Autónomo, como ves es justo lo contrario. Alguien capaz de tomar sus decisiones de acuerdo a sus normas y de estructurar éstas según su propia moral y a sus propios principios. Y, una vez más, no lo olvides, estoy hablando de adultos.

—*Sigue la L.*

—La letra «L» nos habla de los **Límites** y, por comenzar por algún lugar, comencemos por el mismo de siempre, el significado: aunque en este caso debería decir los significados, que son por lo menos dos. El primero vinculado a la idea de establecer claramente un territorio, un sector, una frontera que separa una zona privada de las demás. El segundo significado está relacionado con la concepción de vecindad que muestra su sinónimo «frontera». Poner límites es de alguna manera una suma de las dos acepciones; una combinación de la decisión de darse a uno mismo un lugar y la de establecer desde ahí una relación con los demás. Esta concepción nos hace pensar que los límites posiblemente sean necesarios para sentirse respetable o valioso. Debo establecer los límites del espacio que ocupo. Debo defender que hay lugares reales que son privados (mi cuarto, mi armario ropero, mi cajón de la mesa de trabajo, mi correspondencia, mis bolsillos) y que hay lugares virtuales que me pertenecen **en exclusiva** (mi vida, mi historia, mis emociones, mi relación con mi familia, mi ideología, mis proyectos, mi fe). Son mis espacios y yo puedo compartirlos, pero sólo con quien quiero y cuando quiera. Hay que admitir que el otro puede tomar respecto de mi decisión algunas actitudes. Puede dar su opinión, preguntar, disentir, cuestionar y hasta actuar en oposición, pero es mi responsabilidad hacerle saber que sólo podrá entrar en esos espacios, cuando yo lo **autorice,** hasta donde yo **quiera** y de la manera en que yo lo **permita,** porque por eso los llamo *mis* espacios.

—*A mí me parece que esto es válido para las relaciones comunes, pero no para la gente que amamos.*

—Puedo entender por qué lo dices y, sin embargo, estoy seguro de que no es así. Saber poner límites es algo que adquiere importancia **precisamente** con las personas que más queremos, y muy especialmente con aquellos con quienes convivimos. Por un lado porque la gente con la que no estoy demasiado involucrado ni siquiera piensa en invadir mis espacios. Son los que están más cerca, los que me quieren, los que podrían caer en la intrusión, a veces sin darse cuenta y otras conscientes de lo que hacen, creyendo que es «por mi bien». Como lo escribí hace muchos años en *Cartas para Claudia,* los límites separan, pero también nos ponen en contacto.

—*No entiendo. Entonces, según tu opinión, si mi pareja, que de corazón quiere ayudarme, me da su consejo sin que yo lo desee o sin esperar que yo se lo pida, debería reaccionar chillándole: «¡Oye, métete en lo tuyo, porque nadie te ha pedido ninguna opinión!»*

—Estás partiendo de un ramillete interesante de prejuicios. Por un lado, no hace falta ser agresivo para poner un límite. No es necesario gritar ni ponerse de mal humor. Es más, se puede ser muy cariñoso, cortés incluso, y decir por ejemplo: «Gracias, valoro y agradezco tu intención, pero la verdad es que no quiero hablar sobre esto por ahora». Por otro lado, en tus propias palabras, cuando aclaras eso de que a tu pareja «que de corazón quiere ayudarte», parece que insinuaras que, si los anima una buena intención, aquellos que están cerca de tu corazón podrían caminar por tu vida como si ésta fuera un pasillo. No creo que sea así. En todo caso no parece una gran invasión acercarte una opinión de algo tuyo si está hecha con respeto a tu posición.

Las personas que ponen límites brutales lo hacen porque no saben poner límites de manera afectuosa. Soportan, soportan y soportan... Hasta que, un día, no soportan más y entonces se enfadan, estallan y quieren romper con todo. Con esa actitud no se consigue establecer límites, sólo se consigue demostrar que no se sabe cómo ponerlos, pero que al mismo tiempo tampoco se está dispuesto a renunciar a ellos.

La persona que a la hora de poner límites lo hace chillando es porque no cree verdaderamente que tenga derecho a establecerlos. Y al creer que no tiene ese derecho, los dice a voz en cuello, para ver si puede —de alguna manera— convencer a otros de lo que ella misma no está convencida.

Como ves, todo esto se relaciona con el autorespeto y, sólo entonces, con la capacidad de imponer respeto en los vínculos con la gente, *especialmente* con aquéllos que más nos quieren. No hay nada más cercano al amor que el respeto mutuo por los espacios privados.

—*Comprendido. Vamos por la O.*

—Esta palabra suele ser motivo de conflicto, porque, mal interpretada, es una palabra que puede llevar una carga negativa. Sin embargo, bien entendida es una palabra fuerte y poderosa. Hablo de la palabra **Orgullo**. Para que mi autoestima esté preservada, hace falta que yo me sienta orgulloso de ser quien soy, que me sienta verdaderamente contento y conforme conmigo... Porque la buena autoestima implica ser capaz no sólo de aceptar lo que soy, con mis virtudes y mis defectos, sino que, además, pueda sentirme orgulloso de esta particular combinación de unos y otros.

Repito, no alcanza con ser consciente de algunas áreas grises, estoy hablando de sentirse orgulloso de la totalidad de lo que soy, sin excepciones, entendiendo que soy una sola cosa, suma y combinación de capacidades e incapacidades. Ese conjunto de cosas conforma la persona que soy y, por lo tanto, si estoy contento de ser, si estoy satisfecho conmigo, acabaré sintiéndome contento de ser el que soy, aunque siga trabajando en mí mismo, como ya dijimos.

—*Y la última...*

—La R, es la letra que nos conecta con el aprender a **Recibir.** Una parte imprescindible de la autoestima es vivir sabiéndose tan digno de recibir como para permitirse aceptar de la vida todo lo nutritivo que ésta nos concede. Autoestima significa también asumirnos merecedores plenos de todo lo bueno que nos sucede, aceptar de buen grado los regalos, los halagos, las caricias, la presencia y, sobre todo, el reconocimiento de quienes nos rodean.

En mi libro *Cuentos para pensar* escribí una frase —una de las «tres verdades», como suelo llamarlas— que se apoyaba en un antiguo relato que llegó a nuestros días cantado por ignotos juglares de la vieja Inglaterra.

Dicen que había una vez un rey que quería pasar a la historia por haber acercado a todos la posibilidad de iluminación.

Decidió entonces invitar a su palacio a los más importantes sabios, científicos y místicos del mundo. Cuando todos estuvieron allí, les pidió que trabajaran juntos para escribir en un libro todo lo que sabían sobre el mundo y que consideraran fundamental para ser transmitido a las futuras generaciones. Les pidió especialmente que descartaran todo lo nimio y conservaran sólo lo más importante.

Durante meses, los sabios trabajaron incansablemente,

hasta que, casi al año de aquella primera reunión, fueron en busca del rey para entregarle la obra solicitada.

Era una colección de 140 tomos de 500 páginas cada uno, donde figuraba —según los sabios— todo lo que era importante saber en el mundo.

El rey dijo:

—No, no. Esta colección es muy importante, pero no se puede trasladar. Es demasiado extensa. Nadie llegaría a leerlo todo. Necesitamos abreviar. Por favor, sigan trabajando; retiren de entre estos conceptos los menos importantes y dejen sólo los principales.

Un año más les llevó a los notables resumir y acortar lo escrito. Le presentaron entonces al rey un único volumen de 2000 páginas y críptico lenguaje.

—No —dijo el rey otra vez—; la sabiduría tiene que quedar al alcance de cualquiera, no sólo de los iniciados. Por favor, trabajen todavía un poco más; retiren lo superfluo, resuman lo escrito, simplifiquen y agrupen las ideas.

Dos años tuvo aún que esperar el rey para obtener el resultado. Un día, los notables lo citaron. Todos tenían un aspecto muy satisfecho.

—Aquí está —dijo el más anciano—; éste es el resumen de todo lo que es imprescindible saber.

Y le entregaron al rey sólo una hoja de papel. En ella había escrita únicamente una frase:

«No hay alimento gratis».

La idea de la que hablo es que nada que sea bueno es gratis. Y digo más, aseguro que *el pago* se hace casi siempre por anticipado. Con una autoestima puesta en su lugar habrás aprendido a aceptar como alimento todo lo nutritivo que el afuera te brinde, sabiendo que todo eso te pertenece, porque, aunque no sepas cómo, te lo has ganado.

En suma, tener una buena autoestima —definida en relación a la palabra valor, cuyas letras nos han ido sirviendo como iniciales de otros conceptos— significa ser verdaderamente quien soy, autónomo, capaz de poner límites, orgulloso de ser quien soy y, por último, absolutamente abierto a recibir del universo lo que me he ganado.

V	ERDADERO
A	UTÓNOMO
L	IMITANTE
O	RGULLOSO
R	ECEPTIVO

—Tengo la impresión de que te quedas con algo pendiente, ¿es verdad?

—*Sí. Pienso que la autoestima se construye desde que uno es pequeño y como tú mismo lo dijiste cuando uno es pequeño depende de otros y recibe mensajes, de los buenos y de los otros...*

—Entonces no era una pregunta, sino una reflexión. Y está muy bien, porque es exactamente como lo has dicho y estoy completamente de acuerdo, con lo que se desprende de lo que dices. La autoestima se construye a partir de la relación con los demás, empezando por la relación con los padres. Y es por eso que la mejor manera de conseguir una saludable autovaloración es haber tenido la suerte de que nos hayan tocado padres que pudieran enseñarnos eso. Y aquí el factor más importante, lamentablemente, es el azar. Pese a que hay quienes creen que desde un mundo anterior el futuro niño elige ser hijo de los padres que tiene, yo no creo que sea así. Los padres que nos tocaron, más iluminados, menos iluminados, peores, mejores, más tontos, menos tontos, son los que ligamos en un azaroso reparto, y tenemos que aprender a vivir con ello. Seguramente, cada uno de nosotros tiene mucho que aprender de cualquier padre que le haya tocado, aunque sólo sea lo que *no* hay que hacer. Como le digo siempre a mi hijo: «Tienes mucho que aprender y algunas de esas cosas las puedes aprender de mí: si no te gusta como soy, por ejemplo, puedes aprovechar para aprender cómo hacer para no llegar a ser como yo. Esto también es parte del aprendizaje».

Si, como dijimos, he recibido la valoración necesaria desde fuera y desde el principio; si mis padres me consideraban valioso, me aceptaban como era, me daban cierta autonomía, respetaban mi privacidad. Si ellos estaban orgullosos de mí y me hacían sentir que me merecía todo el amor que me daban, sin que sintiera que quedaba en deuda o me sintiera culpable cuando me daban algo (vamos recorriendo el esquema de la palabra VALOR), entonces será bastante fácil para mí darme cuenta de que soy valioso. El primer lugar desde donde es posible aprender autoestima es la experiencia de ser valioso, aceptado, autónomo, respetado, orgulloso y merecedor en la propia casa pero esto no significa que sea el *único* lugar donde aprender. En todo caso será tu responsabilidad encontrar dónde recibir ese aprendizaje que te permita sentirte valioso.

—*Pero hay una edad en la que ya no se puede cambiar...*

—Hay **algunas** cosas que a cierta edad ya no se pueden cambiar. A mi juicio, una vez que se sale de la adolescencia y se llega a la edad adulta, la estructura de la personalidad, por ejemplo, no se cambia nunca más. Aunque ni siquiera este comentario es contundente. La mitad de los terapeutas del mundo dicen que sí, que se puede y se debe cambiar. Ahora que lo pienso, si necesitas creerlo así... Quizás estés hablando con el terapeuta equivocado...

—*No hombre, no es eso. Me preocupa que a veces creo que mi felicidad depende de poder cambiar...*

—Lo que dices es toda una cuestión. En mi opinión, tal

como te dije, llega un momento, una vez cristalizada la estructura de personalidad...

—*¿Cuándo sucede eso... más o menos?*

—En nuestra cultura occidental, civil y urbana aproximadamente entre los 24 y los 26 años, como promedio. Ahora bien, ¿qué quiere decir esto? ¿Que si yo soy perezoso voy a seguir siéndolo durante el resto de mi vida? No, porque ser perezoso no es parte de una estructura, es sólo una manera de actuar lo que uno es, y estas maneras sí se pueden cambiar infinitamente, *todas ellas*. Porque estas maneras de ser en el mundo son finalmente hábitos, y los hábitos son aprendidos y se pueden cambiar adquiriendo otros hábitos más sanos, más pertinentes o más adecuados al tipo de vida que se lleva. Se pueden cambiar los hábitos, aunque sin duda al pasar los años se nos haga cada vez más difícil. Te propongo algo para mostrarte esta dificultad. Vamos a hacer ahora un sencillo ejercicio que sólo durará treinta segundos.

—*Venga... ¿Qué tengo que hacer?*

—Por favor, une tus dos manos entrecruzando los dedos entre sí, de forma que cada dedo de una mano quede entre los dedos de la otra. Es decir, un dedo de una mano, uno de la otra, etcétera. Fíjate que uno de tus pulgares queda por encima del otro. Intercalando los dedos, siempre hay uno que queda sobre el otro. Algunas personas, al hacer el ejercicio observarán que tienen por encima el pulgar derecho y otras el pulgar izquierdo. Mira: a ti te ha quedado el izquierdo y a mí el derecho. ¿Lo ves?...

—*Sí.*

—Muy bien. Ahora descrúzalos y baja las manos. Ahora, a la cuenta de tres vuelve rápidamente a cruzarlos pero al revés, es decir, intercalando los dedos uno a uno, pero intentando que sea el otro pulgar el que quede encima. ¡1, 2 y 3!

¿Te has dado cuenta de lo que pasa? Es casi imposible conseguir cruzar los dedos de manera distinta. ¡Toda una faena! ¿Por qué? Simplemente porque el modo en que cada persona cruza los dedos es un hábito. No hay ninguna razón que explique por qué unos cruzan los dedos de una manera y otros de otra: no es anatómico, no es sintomático, es solamente un hábito. Y sin embargo es dificilísimo cambiarlo.

Te propongo un ejercicio más. Crúzate de brazos, por favor. Hay un brazo que queda por encima del otro, en algunas personas el derecho, en otras el izquierdo. Vale. Ahora haz lo mismo pero crúzalos al revés... Cambia el brazo que queda arriba.

Veo que te ríes. ¿Qué es lo que ocurre?

—*Me doy cuenta de que es una tontería... Pero es casi imposible hacerlo, salvo que me concentre y lo haga con mucha lentitud.*

—Y para colmo, cuando se consigue cruzarlos al revés, uno piensa: ¡Qué incómodo!

—*Es verdad, es muy incómodo.*

—Y si a tu lado alguien lo hiciera de ese modo te preguntarías: «¿Cómo puede alguien sentirse cómodo cruzando los brazos así?» Te contesto. Hábito, puro hábito. ¡Y si es difícil cambiar el hábito de cómo cruzar los brazos, imagínate lo difícil que puede llegar a ser cambiar costumbres como la hora en que nos duchamos, el tipo de comidas que nos gustan, la forma de vestir, la manera de hablar, el modo de andar, las cosas que decimos, las manera de decirlas, la forma de enojarnos y de amar...!

—*Vaya si es difícil cambiar un hábito...*

—Sin embargo, la buena noticia, te recuerdo, es que lo *difícil* es siempre más probable que lo *imposible*. Estos hábitos —que son maneras de comportarse en la vida— afortunadamente se pueden cambiar siempre, por lo menos hasta un minuto antes de morir. Lo cual no implica que lo que se pueda cambiar sea la estructura de personalidad, como bien decíamos antes. Lo cierto es que eso ni siquiera es importante, porque, después de todo, la estructura de personalidad es un diagnóstico, un nombre difícil escrito en un papel.

Lo que debería importarnos no es saber si conseguiremos dejar de ser un melancólico con defensas histéricas, por ejemplo, sino saber si voy a poder modificar mi conducta o mi actuación con los otros, o mi manera de ser en el mundo. Y todo esto si está, por supuesto, en mi deseo hacerlo. Y ése es el único cambio significativo, porque cuando dos personas se encuentran, la interacción se produce desde sus maneras de ser y no desde su estructura.

—*A mí me parece que eso es un juego de palabras.*

—A ti te parece que es un juego de palabras... Y, sí... A mí también a veces me lo parece. Sin embargo, prefiero ese juego de palabras al otro juego, al juego de confundirlo todo y creer que soy el resultado de algo que me pasó en mi infancia y que no puedo modificar. Quiero afirmarlo con toda contundencia: prefiero mi juego «de palabras» al juego de pensarme dominado por la estructura inconsciente que controla mis acciones sin mi participación, y que me deja en manos de quienes dicen saber más de mí que yo. Prefiero este juego a dejar que alguien crea que cualquiera puede dejar de ser quien es con sólo trabajar para ello. Las dos cosas ocurren, no te asombres.

Por eso, cuidado con estos juegos, en muchos casos son argumentos que se utilizan como excusas para no cambiar lo que se puede y para resistirse a aceptar lo que no se puede modificar. Me refiero a aquellos que dicen: «Bueno, yo nací así...». Me refiero a otros que esgrimen sus infancias lúgubres de padres siniestros: estoy hablando de todos los que encuentran en esa confusión un argumento más para justificar sus conductas miserables con el afuera.

—*Pero vuelvo a mi duda, que voy entendiendo por qué me preocupa... Si nuestros padres no nos dieron ese reconocimiento, ¿estamos perdidos?*

—Si la autoestima depende, en principio, del cuidado y de la valoración de nuestros padres, parecería que, si ellos nos descuidaron en ese sentido, realmente estamos perdidos. Pero no, no lo estamos. La mayoría de las personas de ese mundo un poco perdido no ha recibido de sus padres suficiente valoración, aceptación, autonomía, respeto, orgullo o reconocimiento. Es importante señalar que, la mayoría de las veces, eso se debe a que los padres están ocupados en cosas que consideran más importantes. Y esto no es una ironía. Están ocupados, por ejemplo, en buscar dinero para darnos de comer, para pagar nuestros estudios, para hacer frente a la hipoteca de nuestra casa. Es por ese motivo que descuidan aquellos aspectos a los que nos referíamos: esto es comprensible, aunque muchas veces la comprensión no nos resulte suficiente. Pero —y es un pero fundamental—, si uno no ha recibido ese mensaje, puede aprenderlo de alguien más, en otro momento de su vida.

De manera que aquel aprendizaje que no se hizo en la infancia, puede y debe realizarse después. Es más, no hay ningún problema en que así sea, excepto por el tiempo perdido, claro. Eso sí, como quizás ya no sea un niño ni una niña, voy a tener que ser yo el que busque los lugares donde me sienta valioso, aceptado, autónomo, respetado, orgulloso y reconocido. Tendré que encontrar el sitio y las relaciones en las que adquirir conciencia de mi propio valor.

—*¿Sabes en qué pienso...? Es muy duro vivir en un entorno familiar en el cual no recibes nada de esto y seguir luego viviendo en el mismo ambiente.*

—Sí, claro que lo es. Ojalá podamos darle a la gente cada vez más espacios donde pueda encontrar compensación por esas cosas que no encuentra en su entorno habitual. Los grupos de autogestión o de autoayuda son muy útiles en este sentido; son una manera de realimentar estos sentimientos, de recibir del grupo lo que puede no estarse recibiendo o no haberse recibido nunca desde el entorno familiar.

Un grupo de reflexión, un grupo de autoayuda, un grupo de lectores de libros, de observadores de pájaros o de alpinistas... En fin, cualquier grupo de pertenencia, si es un grupo, funciona como un gran soporte y es capaz de dar excelentes niveles de aprobación, aceptación, autonomía y límites, de aquellos que nos unen y nos diferencian del resto del mundo. Un grupo, cuando funciona como tal, nos inunda de sensación de orgullo compartido, de respeto y reconocimiento mutuo. Por esta razón la familia es tan importante, porque la familia funciona como un grupo de pertenencia. Porque la familia **es** un grupo.

—*A mí eso me inquieta. Pienso en mis hijos, en nuestro trabajo, en las preocupaciones. No somos los padres de hoy culpables del futuro de la próxima generación. Parece como si la familia como grupo se fuera perdiendo.*

—Muchos de nosotros pertenecemos a una generación en la que era lícito y hasta recomendable que los padres nos dijeran «cállate ya, niño». Claro que esto ha cambiado. Seguramente si le dijera a mi hijo algo así, probablemente me respondería: «¿Y por qué?» Y quizás si insisto un poco me encuentre con algún irreverente: «Cállate tú». Bueno o malo, los que pertenecemos a la generación que hoy tiene entre treinta y cinco y sesenta años, hemos funcionado como una bisagra interesante en este sentido. Hemos enseñado a nuestros hijos algo que nuestros padres no nos enseñaron: la capacidad de rebeldía. Nosotros se la enseñamos. Nunca entiendo por qué nos sorprende hoy que no nos «hagan caso». **Nosotros** les enseñamos que estaba bien rebelarse. Por supuesto que no nos dimos cuenta, porque nunca pensamos que se iban a rebelar también contra nosotros. Pero esa peculiar situación es para ellos la mejor de las suertes. Eso es lo que los va a salvar de nuestros errores y del mundo difícil que les dejamos, aunque también termine salvándolos de nosotros. Todas aquellas cosas que no hemos podido evitar de nuestros padres —porque nos costaba más esfuerzo rebelarnos— nuestros hijos sí las evitarán. Nuestras miserias no van a ser traspasadas a nuestros hijos en tanta cantidad como traspasaron a una o dos generaciones anteriores. Es decir, mi padre padeció de manera siniestra las cosas que mi abuelo le hacía, porque no tenía ninguna posibilidad de rebelarse. Mi padre empezó a enseñarme a mí esa posibilidad. Y actualmente yo se la enseño a mis hijos. Es así como esto se transmite. Y esto es lo que salvará a mis hijos de mí, afortunadamente.

—*¿Es suficiente enseñarles rebeldía para desarrollar su autoestima?*

—Claro que no. La familia es como un trampolín que se prepara para que cuando el niño llegue a la edad adulta, pueda caminar por él, pueda saltar y tener las mejores oportunidades de caer bien, que realice una buena zambullida, estética, armónica, original, exitosa y segura en la piscina de su vida, que es en la que va a vivir. Esto es la familia. Si los soportes del trampolín han sido débiles, el salto es siniestro. Y si el trampolín se rompe o está deteriorado, el niño se puede romper la cabeza. Uno de los pilares del trampolín es el nivel de autoestima que se respira en la familia. Es obvio que cuando uno procede de un entorno familiar no valorativo, todo le resultará más difícil.

—*Lo que dices me llena de responsabilidad y comprendiendo la importancia determinante de la estructura familiar en este tema, te pido que me expliques concretamente cómo se enseña la autoestima. ¿Cómo se construye ese pilar del trampolín?*

—Hay dos mecanismos por los cuales se enseña la autoestima a los hijos. Uno, el clásico, que nuestros padres nos hayan sabido y podido aportar aquella atención y cuidados que enumeramos a partir de la palabra VALOR. Y el otro, más sutil pero tan determinante como el primero, depende del nivel de propia autoestima que los padres demuestran tener. Podríamos llamar a este último la autoestima aprendida por *imitación* y sólo se recibe si se percibe que los padres tienen por sí mismos, y por la familia que han construido, una importante valoración.

De hecho, si ellos no se sienten valiosos, si no se aceptan verdaderamente, si no se sienten libres, si no son capaces de ponernos límites, si no están orgullosos de ser quienes son ni son capaces de recibir lo bueno de la vida, si ellos, en suma, no tienen un buen caudal de autoestima, entonces yo no aprendo nada.

Yo aprendo la autoestima no sólo por ser estimado, sino porque quien me estima se estima, se sabe valioso. El mejor paso que puedo dar para enseñarle a mi hijo la autoestima es fortalecer mi propia autoestima. Pero, atención: engañar a los hijos puede no ser sencillo. Está más que claro que el 75% de nuestra comunicación es no verbal y que por esta y otras razones nuestros hijos aprenden más de lo que nos ven *hacer* que de lo que nos escuchan *decir*.

—*Y supongo que esa condición es válida también cuando debo buscarlo en otro lado.*

—Definitivamente. Para que alguien pueda aprender a valorarse, es necesario que sienta no sólo que alguien lo valora sino que además debe darse que ese otro se sienta valioso y que yo lo considere así. ¿De qué me sirve ser valorado por alguien que no es valioso o por alguien que no se siente así?

Cuando hablo de este tema, siempre viene a mi mente este cuento. Me he animado a contarlo en alguno de los libros de los caminos,* y casi nunca lo repito en público porque tiene un fondo tan duro que la mayoría de las veces pre-

---

* *El camino de la autodependencia, El camino de las lágrimas, El camino del encuentro* y *El camino de la felicidad* (Grijalbo).

fiero omitirlo. Hoy, hablando contigo, viene otra vez a mi memoria y decido compartirlo porque es el emblema de lo que no se puede hacer si uno no quiere pagar costosísimas consecuencias y porque ilustra como ninguno la idea de lo influyente que es en nuestra vida la relación con los padres.

Hace mucho tiempo, en un pequeño pueblo de algún lugar de Oriente, vivía un hombre con cuatro hijos, el menor de los cuales tenía, en el momento de esta historia, alrededor de treinta años. Para ese entonces, sus hermanos contaban con treinta y cinco, treinta y siete y cuarenta años. El padre tenía algo más de sesenta, pero como en esa época el promedio de vida rondaba los cuarenta años, era prácticamente un anciano y, por lo tanto, tenía todos los problemas propios de la senectud. Su cabeza, su cuerpo, sus esfínteres, su capacidad para valerse por sí mismo, nada de eso funcionaba bien en el viejo.

Un día, el hijo más joven se casó y se fue de la casa. Se generó entonces un gran problema: el padre se quedaría solo. La madre había muerto a raíz del último parto y los otros hermanos ya estaban casados. En consecuencia, no había nadie que pudiera hacerse cargo de ese anciano, con el agravante de que no eran épocas en las que hubiera residencias geriátricas ni dinero para pagarle a alguien que se ocupara de cuidarlo.

Los hijos empezaron a sentir que, pese al amor que le tenían, el padre suponía una complicación. No era posible que ninguno de ellos se lo llevara a vivir a su casa para hacerse cargo de él. Así es que los hijos tenían verdaderamente un serio problema.

El meollo del cuento comienza cuando los hijos se reúnen a conversar acerca de cuál será el futuro del padre. En un momento dado, se les ocurre que se podrían turnar. Pero pronto advierten que esa solución no va a ser suficiente y, además, supondría un gran coste para sus vidas. Y entonces, casi sin darse cuenta, empezaron a pensar que lo mejor que les podía pasar era que su padre muriera.

Pese al dolor que implicaba para ellos ese reconocimiento, pronto advirtieron que no podían quedarse esperando a que esto sucediera, porque el padre podía llegar a vivir muchos años más en aquella situación. Pensaron, también, que ninguno de ellos podría soportar esa demora. Y entonces, misteriosamente, a uno de ellos se le ocurrió que, quizás, lo único que había que hacer era esperar que llegara el invierno. Quizás el invierno terminara con él. Y fue así como imaginaron que si entraban en el bosque con su padre y se perdía, el frío y los lobos harían el resto...

Lloraron por esto, pero asumieron que tenían que hacer algo por el futuro de sus vidas. Y decidieron turnarse para cuidar al padre, pero sólo hasta la llegada del invierno.

Después de la primera nevada, que fue especialmente intensa, los cuatro hermanos se volvieron a reunir en la casa. Le dijeron al padre:

—Ven padre, vamos a vestirte porque después saldremos.

—¿Salir? ¿Con la nieve? —preguntó el padre sin comprender.

Pero los hijos respondieron:

—Sí, sí, sí, vamos.

El padre sabía que su cabeza no estaba funcionando bien últimamente, así que decidió acatar con sumisión lo que sus hijos le decían.

Lo vistieron, casi irónicamente lo abrigaron bien y se fueron los cinco rumbo al bosque.

Una vez allí, comenzaron a buscar un lugar para abandonarlo y desaparecer rápidamente. Se introdujeron en el bosque, cada vez más profundamente, hasta que en un momento dado llegaron a un claro. De pronto, el padre dijo:

—Es aquí.

—¿Qué? —preguntaron asombrados los hijos.

—Es aquí —repitió el anciano.

Supuestamente, el padre no tenía la lucidez suficiente para darse cuenta de lo que estaba ocurriendo. Por otro lado, ellos se habían cuidado muy bien de no decirlo. ¿A qué se estaría refiriendo el padre?

—Aquí, aquí. Éste es el lugar —insistió, sudoroso y con la mirada desencajada.

Entonces los hijos le preguntaron:

—¿Qué lugar, padre? ¿De qué hablas?

El anciano les respondió:

—Este es el lugar donde, hace veinticinco años, abandoné a mi padre.

—*Se me caen las lágrimas... Qué duro. Ya entiendo por qué no lo cuentas.*

—Para bien y para mal esta es la fuerza condicionante de la educación. Tendemos a tratar a nuestros padres de la manera en que ellos nos enseñaron que había que hacerlo tratando a sus padres, y del mismo modo, nuestros hijos van a hacer con nosotros lo mismo que vieron que nosotros hicimos con nuestros padres.

Si hemos trasladado la capacidad emotiva de amar, cuidar y sostener a nuestros padres, hemos estado enseñando a nuestros hijos esa capacidad, hemos trasladado ese aprendizaje. Pero si llego a mi casa y digo: «Cuándo llegará la hora de que mi viejo padre se muera», algún día mi hijo va a fantasear con abandonarme en el bosque. Y esto se repite en cada una de nuestras enseñanzas. Si vivo diciendo de mí mismo que trabajo en lo que no me gusta, que la vida es desastrosa, que no valgo nada, que estoy enfadado con lo que soy; si vivo faltándome el respeto, avergonzado de lo poco que he logrado, pensándome esclavo de la vida que llevo y con una autoestima muy baja, ¿cómo voy a conseguir que mi hijo (el hijo de alguien que no vale) se sienta valioso? Sólo el que se siente valioso puede transmitir con claridad a su descendencia lo que significa sentirse valioso.

Y otro tanto sucede si me toca tener que buscarlo afuera, si no he tenido la suerte de nacer en un espacio donde mi madre y mi padre pudieran sentirse valiosos y valorarme. Deberé encontrar personas y grupos capaces de dar y recibir amor, que estén orgullosos de ser quienes son y que se animen a ser protagonistas cada uno de su propia vida.

—*Todo lo que me has explicado me parece muy importante y estoy de acuerdo en casi todo. Pero me llama la atención que ni siquiera has hablado del quererse. Me pregunto cómo puede ser.*

—Es verdad, si repasamos la lista que hemos ido haciendo a partir de la palabra VALOR, el verbo *quererse* no está en ningún lado. Para mí el concepto de autoestima es fuerte, trascendente y está íntimamente relacionada con el concepto de salud mental. De hecho, es uno de sus pilares, pero no es el único. El amor por uno mismo es otro; cercano pero independiente.

—*Miraba el acróstico de Valor que me diste y me surge una duda. Usas la palabra «orgulloso». ¿No crees que el orgullo es un defecto?*

—Depende de cómo lo mires. Por eso yo decía que era un concepto complicado. Pero te cuento: la verdad es que yo me siento bastante orgulloso de ser como soy.

—*Pero, ¿eso no es soberbia?*

—¿Soberbia? ¿Sabes qué sería soberbia? Soberbia es creer que por ser así, soy más que tú, más que alguno.

Me contaron en México un chiste que se burla de la característica de algunos argentinos que paseaban por el mundo en la época de «la plata dulce» como se la llamó en mi país. Dicen que un profesor de filosofía, en plena clase dijo:

—La soberbia... Es ese pequeño argentino que todos llevamos dentro...

En la segunda fila un señor se puso de pie y con aire de ofendido, dijo:

—Yo soy argentino. ¿Puedo hacer una pregunta?

Cuentan que el profesor asintió con la cabeza y el hombre dijo:

—¿Y por qué pequeño?

—*Y bien, eso mismo. Esa soberbia, ¿no es producto de ego sobredimensionado? ¿No es el orgullo lo contrario de la humildad?*

—Quizás dependa de aquello a lo que quieras llamar orgullo. El orgullo que yo propongo no es para decirle al otro qué importante soy, sino, en todo caso, para decírmelo a mí mismo, y en voz baja. Cuando el propio valor de un adulto depende solamente de lo que vale para alguien específico, algo está distorsionado.

—*Siempre he pensado que era mejor sentir humildad que sentir orgullo.*

—Insistes... *Humildad,* en todo caso, es todo lo opuesto de eso que antes definí como *soberbia.* Y el *orgullo* no implica necesariamente *soberbia.* El placer que siente un padre cuando su hijo recibe un premio por haberse graduado es genuino orgullo. Si cree que por esto puede alardear entre sus amigos es soberbia.

—*Entiendo, no creas que no entiendo, pero a mí me molesta la palabra.*

—Entonces llama a ese sentimiento como quieras. Mira, para mí, hablando vulgarmente, mearse encima es mearse encima. Si alguien quiere llamarlo «enuresis» porque queda más fino, pues bien, allá él. Si a ti te molesta decir orgullo y quieres usar otra palabra, ¡de acuerdo! ¿Cómo lo habrías llamado en mi lugar?

—*Quizás satisfacción. Satisfacción de ser como uno es. ¿Por qué no lo llamas satisfacción?*

—Te voy a ser muy sincero... ¿Sabes por qué no he dicho *satisfacción*? Me parece muy importante que lo sepas. Si yo en vez de hablar de orgullo, sacara de allí esa palabra y en su lugar colocara «satisfacción de ser como uno es», entonces en mi creativo acróstico me quedaría formada la palabra VALSR en vez de VALOR. ¿Y a quién le puede interesar descubrir su propio VALSR?

—*¿Cómo puedes tener una respuesta graciosa cada vez?...*

—De modo que, si la palabra no empezara con O, no te ibas a acordar de lo que hemos hablado. A mí me encantaría que la palabra valor te sirviera de aquí en adelante como me ha servido a mí, de regla mnemotécnica. Sin duda, la idea de valor y de orgullo personal tiene que ver con la satisfacción de ser como uno es, con el propio amor, no con el amor propio.

—*Entiendo que la autoestima se va construyendo.*

—Y en ese sentido el orgullo y no sólo la satisfacción de vivir y ser parte de esta familia es muy importante. Ayuda al caudal de autoestima que sus integrantes no vivan enfadados con la vida que llevan o con la pareja que construyeron o diciendo que la familia los oprime. Es necesario que uno, ya sea padre o madre, responsable de ese grupo familiar, pueda sentirse orgulloso de ese grupo que creó, pueda sentir que esa familia fija sus propias normas, que pueda sentirla valiosa. Siempre recuerdo mi alegría y la de mi esposa cuando los amiguitos de nuestros hijos llegaban a nuestra casa y después Demián o Claudia nos contaban que los otros niños les decían: «¡Uy! ¡Qué casa más bonita! ¡Qué bien, qué linda es tu mamá! Qué rica la comida». Nos sentíamos bien porque lo que habíamos querido construir, de alguna manera también se podía ver desde afuera.

—*Eso tiene mucho que ver con los logros personales y el orgullo.*

—En parte, sí. Pero la autoestima no debe depender sólo de los logros personales.

—*Hmmm... No lo sé...*

—Es mi opinión, puedes no estar de acuerdo. Voy a apartarme un poco del tema porque viene al caso que haga una aclaración. Si vamos a seguir encontrándonos para conversar, es bueno que establezcamos un punto. Las cosas que yo digo se fundamentan siempre en lo que yo creo. Es verdad que digo las cosas de un modo convincente, vehemente incluso, como si verdaderamente fueran así y no pudieran ser de otra manera. Pero no te dejes engañar. Se trata de un recurso, una modalidad, una cuestión didáctica. A lo largo de la vida, quien dedica mucho tiempo al diálogo, a la charla con los demás, aprende a hablar con convicción de verdad. Y, sin embargo, las cosas bien pueden ser de otra manera. Siempre puede haber otras versiones. Porque, ¡atención! Las cosas que yo digo son las que a mí me son útiles y las que me sirven de referencia en principio sólo a mí. Hay un cuento que escuché de boca de un gran humorista argentino, Luis Landrisina, que ilustra muy bien esta idea.

En la pampa argentina, de pie junto a un camino de tierra, un gaucho estaba tomando mate a la puerta de su humilde vivienda. De pronto, junto a él se detiene un coche lujoso, muy grande y, por supuesto, muy caro. De él se baja un señor elegantemente vestido y le dice al gaucho:

—Dígame, buen hombre, ¿me puede indicar dónde está el cortijo El Gallo?

El interpelado da una chupada al mate y contesta:

—¿El Gallo? El Gallo... El Gallo... El Gallo... Verá, yo salgo tan poco que... El gallo, por aquí... No sabría decirle.

—Es que tiene que estar cerca porque me dijeron que

tomara la salida de la carretera que está en el kilómetro 215 hacia la derecha y que después condujera durante unos veinte minutos por el sendero de tierra y que lo iba a encontrar enseguida, y como ya llevo conduciendo quince minutos, pensé que...

—¿El Gallo? Nooo... El Gallo por aquí no... Yo salgo tan poco que... No le sabría decir...

—Mire, lo tiene que conocer. Es el cortijo de los Rodríguez Álzaga, el mayor de ellos fue incluso diputado en el congreso.

—¿Rodríguez Álzaga? ¿El Gallo? Nooo, por aquí no... ¿Diputado? No, que yo sepa, no.

—¿Y algún vecino que viva cerca, para poder preguntarle?

—No, por aquí no, este es un lugar aislado... ¿Por aquí, vecinos? Nunca he visto a ninguno. Yo salgo tan poco que, la verdad, vecinos-vecinos, lo que se dice vecinos, por aquí, no. ¿El Gallo me dijo?

—Sí, Rodríguez Álzaga, el diputado.

—No por aquí... No le sabría decir.

—Está bien, no se preocupe. ¿No sabe dónde puedo encontrar una estación de servicio?

—¿Estación de servicio? Usted dice... ¿Dónde se le pone gasoil a los tractores?

—Sí, una estación de servicio.

—Pues no sé... Por aquí, estación de servicio... Como yo no tengo tractor, ¿comprende? Estación de servicio, por aquí, no... ¿Un vecino me dijo que buscaba? No, por aquí, no... ¿Rodríguez Álzaga? ¿El Gallo? No le sabría decir, mire usted, porque yo siempre estoy aquí mismo, no salgo.

—Bueno, está bien, no se preocupe. Dígame cómo llego al pueblo y ahí preguntaré.

—¿Pueblo?

—Sí, un pueblo.

—Usted dice... Con casas...

—¡Un pueblo!

—Mmm... No le podría indicar, mire, porque yo salgo tan poco... Una vez fui a un pueblo, cuando era muy pequeñito, con mi padre; yo tenía cinco o seis años y me llevó a un lugar con casas y una plaza y... Pero no sabría decirle por dónde es, porque yo no salgo casi, ¿comprende? ¿El Gallo me dijo? ¿Rodríguez Álzaga? ¿Estación de servicio? ¿Vecino? La verdad es que por aquí no...

—Bueno, está bien, veo que no me puede ayudar. Dígame cómo vuelvo a la carretera y ahí ya veré cómo me las apaño.

—¿Carretera?

—¡Pero, viejo! Pero usted... ¡No puede ser! Le digo de los Rodríguez Álzaga, ¡no los conoce! El Gallo, ¡no lo conoce! ¡No sabe dónde hay un vecino! ¡No sabe dónde hay una estación de servicio! ¡No sabe llegar al pueblo! Y ahora le pregunto por la carretera, ¡y no sabe llegar a la carretera! ¡Pero usted es un ignorante, un imbécil, usted no sabe nada, usted es un idiota!

Y el campesino le contesta:

—Mire, puede ser que yo sea todo eso que usted me dice, pero aquí el único que está perdido es usted...

—Siempre es igual. Los puntos de referencia que lo ubican a uno para saber que no está perdido, son útiles para uno mismo, no necesariamente para el resto. Y entonces, antes de terminar de contestar tu pregunta, quiero aclararte que las cosas que yo creo que son útiles para mí, no necesariamente son las mismas para ti.

Aquellos que solamente son capaces de sentirse orgullosos de lo que consiguen, me parece —a mí, en mi humilde vivienda— que se quedan a mitad del camino. Se trata de una postura muy popular y publicitada. Una idea elitista de la vida, que genera el preconcepto de que sólo podría tener la autoestima alta aquel que ha ganado más de un millón de euros, que ha sido elegido para un puesto o una función pública de prestigio, que recibe el aplauso de personas destacadas o que participa de esta clase de situaciones. No es así.

No hay que olvidar que, como su nombre lo indica, éxito viene de *ex-itere* y significa *a la salida*. Y que esto enseña que el éxito se evalúa al final, no durante el tránsito. Durante el tránsito todo es potencialidad. No se puede evaluar con propiedad el éxito de alguien que todavía está vivo, ni tampoco con el preconcepto de lo que significa ser exitoso.

El éxito, como aprendí alguna vez de un filósofo inglés, es morirse en el lugar del mundo que uno elija, rodeado por la gente que uno quisiera que esté en ese momento. Nada más que eso.

Pensar que para ser valioso se necesita llegar a determinado lugar, reunir equis cantidad de dinero, ligar con tal persona, tener tal número de hijos y vivir en éste o aquél lugar, es una idea equivocada.

—*Y por cierto peligrosa.*

—En verdad. Si la posibilidad de sentirse orgulloso de uno mismo dependiera solamente del éxito, entonces la autoestima sería una ficción, sería sólo vanidad. Porque lo cierto es que los logros sólo sirven para satisfacer la vanidad y, como consecuencia de ello, de alguna forma todo lo que uno puede adquirir y poseer es vanidad. Hay en este punto dos imágenes que me interesa rescatar. La primera, algo que dicen los sufís. Te lo apunto si me dejas:

Lo único que verdaderamente tienes
es aquello que no podrías perder en un naufragio.

Y la segunda, un cuento que proviene de la cultura judía, en la cual también hay relatos —los cuentos jasídicos— que se transmiten de generación en generación.

Un hombre se traslada desde un pueblo remoto para consultar a un rabino muy famoso. Llega a la casa y advierte, sorprendido, que los únicos muebles de que dispone el rabino consisten en un colchón echado en el suelo, dos butacas, una silla miserable y una vela, y que el resto de la habitación está absolutamente vacío.

La consulta se produce. El rabino le contesta con verdadera sabiduría. Antes de irse, intrigado por la escasez del mobiliario, el hombre le pregunta:

—¿Le puedo hacer una consulta más?

—Sí, por supuesto.

—¿Dónde están sus muebles?

—¿Y dónde están los suyos...? —responde el rabino.

—¿Cómo que dónde están los míos? Yo estoy de paso —dice el hombre sin terminar de comprender.

Y el rabino le contesta:

—*Yo también.*

Hay que entender que uno está de paso. Suponer que sólo puedo evaluarme basándome en lo que consigo es una postura enseñada y promovida por la cultura del consumo y que, lamentablemente, conduce a forzar la falsa creencia de que sólo puedo sentirme valioso si he demostrado que valgo en relación a ciertas pautas sociales, muchas de ellas atadas a las posesiones materiales. Eso no es libertad, es precisamente lo contrario. No hace falta, pues, ser de ninguna manera determinada, y menos aún tener lo que está determinado por el afuera como «imprescindible». Lo único que hace falta es *ser*, que es muy distinto.

—*También están los momentos, los pequeños detalles de cada día, que son como pequeños logros.*

—Estoy de acuerdo. A lo que acabas de decir voy a llamarlo «la valoración de las pequeñas cosas que uno tiene a su alrededor». En otras palabras, la valoración de las cosas de las cuales uno vive y disfruta, que están alrededor de uno, aunque sea transitoriamente. Es muy bueno ser capaz de valorar lo que se tiene, valorar lo que se hace, valorar absolutamente todo lo que tienes a tu alrededor, pero sobre todo, una vez más, valorar lo que cada uno es.

—*Con medida, ¿no? El exceso puede llevarnos a lugares un poco peligrosos...*

—El peligroso lugar, adivino, es el del egoísmo, ¿verdad?

—*Sí.*

—El egoísmo puede hacernos pensar en muchas cosas. Ya que tú traes el tema, te imagino una experta, así que te pregunto. Cuando uno dice que otro es egoísta, ¿qué le está diciendo?

—*Que sólo piensa en sí mismo, que no quiere a nadie.*

—¿Qué más?

—*Que no comparte.*

—Sigue, por favor...

—*Que es indiferente a los demás.*

—Bien...

—*Que todo gira alrededor de él o que es incapaz de ponerse en el lugar del otro.*

—¿Algo más?

—*Es lo contrario de altruismo.*

—¿Eso es todo?

—*Que es insensible. ¡Que le falta humildad!*

—*¿Y por último?*

—*Que sólo se quiere a sí mismo.*

—Muy bien. Cuando alguien es egoísta pensamos todo eso. Cuando uno intenta definir un concepto, lo primero que debe hacer es tratar de ver qué es todo lo que entra dentro de ese concepto y sacar todo lo que está afuera. Porque si no, uno no define. Definir, como su nombre lo indica, significa poner fin; saber desde dónde hasta dónde va ese concepto y cuáles otros aspectos no le pertenecen.

Si yo tengo una mesa que tiene respaldo, que es un poco bajita y está a la altura de mis nalgas y situada junto a otra mesa, yo puedo llamar a eso mesa, pero en realidad es una silla. ¿De acuerdo? Una mesa que tiene forma de silla, es una silla, no una mesa.

Entonces, otras palabras que sirven por extrapolación para acercarme a lo que quiero decir, conforman un concepto estirado. Por eso, vamos a intentar aclarar las cosas.

Me parece importante decir que aquel que en realidad es insensible, no es necesariamente egoísta, es insensible. Un egoísta puede ser insensible, pero ésta no es una condición del egoísta. ¿Por qué llamar al egoísta insensible, si hay una palabra para llamar al insensible, que es *insensible*?

—*Bueno, pero los egoístas a veces también son insensibles.*

—Sí, claro, y a veces tienen los pies planos. Lo que quiero decir es que ambas palabras no son sinónimos, que la idea de insensibilidad no alcanza a definir la de egoísmo.

—*¿Qué es un egoísta? Alguien me dijo cierta vez que un egoísta es aquel que cree que todo gira en torno suyo.*

—Eso es un egocéntrico. ¿Un egoísta es un egocéntrico, un *egocéntrico* es un egoísta? Por ahora no lo sé. Más adelante veremos si esto es así. Y alguien que sólo puede pensar el universo en función de sí mismo, por lo menos desde el punto de vista formal, no es un *egoísta*, sino un *solipsista*. Y alguien que no puede compartir es un mezquino. No estoy muy seguro de que sean egoístas.

Todas las ideas que me has dado definen a los mezquinos, los avaros, los insensibles, los antisociales, los psicópatas y, posiblemente, como veremos más adelante, a los ególatras... Quizás la definición con la que más coincido es aquella en la que dices que es «lo contrario de altruismo». Al final veremos qué significa esto. Volviendo a lo que decía, si uno habla de *egoísmo*, de lo que esta palabra quiere decir, tiene que pensar en su significado, del mismo modo que hicimos con *autoestima*.

Veamos... Egoísmo viene de *ego* y de *-ismo*. ¿Qué es *ego*?

—*Yo*.

—Claro, *ego* quiere decir yo. ¿Y qué es *-ismo*?

—*Doctrina*.

—Podría ser «doctrina», pero implica algo más. ¿Qué se te ocurre?

—*Es un aumentativo.*

—Por supuesto, sería como un aumentativo, pero ¿un aumentativo de qué?

—*Del valor.*

—Bien. Más que del valor, de la valoración... Y de paso, una medida de cuánto yo aprecio aquello que estoy definiendo. En realidad, el sufijo *-ismo* significa una *fuerte inclinación o preferencia*.

—*Negativa.*

—¿Negativa? ¿Es negativo el cristianismo?

—*No sé.*

—Cubismo, patriotismo, positivismo. ¿Serán todos los *-ismos* negativos?

—*Ahora me parece que no.*

—No todos lo son, en efecto, no deberíamos generalizar. ¿Por qué? Porque lo negativo puede estar en la valoración que uno haga de ese concepto, pero no en la palabra en sí. Entonces, no es necesariamente negativo y no es necesariamente doctrina en el sentido sectario, pero sí en términos de fuerte inclinación y preferencia. Cristiano es aquel que tiene una fuerte inclinación y preferencia hacia todo aquello que se relaciona con la vida, la fe y la obra de Cristo.

El *-ismo* proviene de la idea de preferencia que muchas veces está generada por el amor hacia aquello que se refiere al concepto que se va a definir. *Cristianismo* es preferencia, pero también amor a todo lo que tiene que ver con la doctrina de Cristo; *judaísmo*, a todo lo que tiene que ver con lo judío; *marxismo*, la preferencia del análisis que hace de la realidad la ideología marxista; *terrorismo* es la preferencia pasional hacia el terror como forma de estructurar los cambios; *pacifismo*, inclinación hacia la paz; etcétera. Insisto: todo -*ismo* significa inclinación y preferencia en el sentido afectuoso del término.

En consecuencia, *egoísmo*, desde el punto de vista etimológico, significa un amor por el *yo* que hace que determinada persona se prefiriera por encima de las demás. Esto requiere un amor, quizás muy grande, por uno mismo. ¿Y por qué sería malo esto? ¿Por qué sería malo quererme muchísimo a mí mismo?

Hay quienes piensan que si uno se quiere mucho a sí mismo no tiene espacio para querer a los otros. Y cuando oigo decir algo así me es muy útil porque me sirve para argumentar todo lo contrario...

Porque *no* es verdad que si uno se quiere mucho a sí mismo no puede querer a los demás. Quiero decirte que por difundida, esta idea no deja de ser graciosa. Parte de la suposición de que existe una capacidad de amar limitada, como si hubiera una medida capacidad de amar. En este esquema si uno posee digamos 11,28 unidades internacionales de amor y deposita esa cantidad completa de unidades en sí mismo, ¿no le queda espacio para querer a los demás? ¿Qué es nuestra capacidad de amar? ¿Algo que se contiene en un tonel?

¿Acaso cuando uno ya tiene un hijo y luego nace otro, tiene que dejar de querer al primero para empezar a querer al más pequeño? ¿De dónde se extrae más capacidad para amar a un segundo hijo, a nuevos amigos o a la gente de un grupo que se acaba de conocer? ¿De dónde extraigo capacidad para amar a otros una vez que ya amo mucho a una persona? ¿Qué quiere decir, que si quiero mucho a mi esposa no puedo querer a ninguna otra persona en el universo porque la quiero mucho a ella? En verdad, no es así.

Nuestra capacidad de amar, por suerte, no funciona de esta manera. No es cierto que exista alguien que «no pueda querer a los demás» porque se quiere mucho a sí mismo. Alguien puede no querer a los demás por ser una persona antisocial, incapacitada afectivamente o resentida, pero nunca por ser egoísta. No es por quererse mucho a sí mismo que alguien no quiere a los demás. En todo caso, el problema es averiguar por qué esa persona carece de sentimientos para con los otros.

Antes mencionaste que el orgullo podría ser un lugar peligroso. A mí lo que me parece realmente peligroso es hacerle creer a la gente —sobre todo a los niños— que la razón de que alguien no quiera a los demás es que se quiere a sí mismo. En primer lugar porque es falso —y estamos sugiriendo que no debería quererse— y, después, porque es precisamente al revés. Hoy sabemos que solamente es posible llegar a querer a otros queriéndose antes a uno mismo. No hay ningún amor por el otro que no empiece en el amor que se siente por uno mismo. Aquel que no se quiera, no puede querer a nadie. El amor por el otro proviene de la propia capacidad de amar, que comienza con la capacidad de amarse a sí mismo.

Quien dice que quiere mucho a los demás y poco a sí mismo, miente. O es mentira que quiere mucho a los demás o es mentira que no se quiere mucho a sí mismo.

Por lo tanto, te invito a renegar de esa idea definitivamente. Renegar de la idea de que si uno se quiere mucho no le queda amor para querer a otros.

En todo caso, el egoísmo se define por el hecho de quererse a uno mismo por encima de los demás. Y ésta es, entonces, la definición que te propongo establecer desde ahora para *egoísta*: Egoísta es aquella persona que se prefiere a sí misma antes que a los demás.

—*¿Siempre?*

—Casi, casi siempre.

—*Excepto con los hijos.*

—Absolutamente de acuerdo. Excepto con los hijos. Hay una cantidad innumerable de libros de psicología, libros cuya temática trata sobre las relaciones entre las personas y otra cantidad similarmente enorme que trata sobre la relación entre padres e hijos; y lo más curioso es que la mayor parte de las veces en estos últimos libros se afirma todo lo contrario que en los primeros y en ambos casos tienen razón. Hoy no nos hemos centrado en el tema de nuestras relaciones con los hijos, aunque ya tendremos oportunidad de hacerlo en otra ocasión. Por ahora bastará saber que no hablo de ellos concretamente, sino de la relación con todos los demás, con los otros. Quizás desde este punto de vista uno podría comprender por qué se constituyen en una excepción: Los hijos no son «los otros» para los padres, porque normalmente no son vividos por ellos como si fueran algo diferente a ellos mismos.

Lo aclaro —antes de que me lo preguntes—. La relación con los hijos es fantástica y nuestros hijos son especiales, únicos y maravillosos para nosotros, aunque nosotros no seamos tan especiales para ellos.

—*¿Y eso por qué?*

—En pocas palabras, porque ellos SON una prolongación de nosotros, pero nosotros no somos una prolongación de ellos y porque nosotros los elegimos aún antes de conocerlos, y para ellos será toda una faena elegirnos. De todas formas, que quede claro que nuestros hijos también son capaces de sentir la incondicionalidad en el amor que sentimos hacia ellos, pero no será hacia nosotros sino hacia sus propios hijos. Es algo que ocurre de arriba hacia abajo, no de abajo hacia arriba; no es reversible. Los hijos no pueden sentir tal incondicionalidad por los padres, entre otras cosas porque la tienen que reservar para el vínculo con sus hijos.

Pero ahora pensemos en todas las otras relaciones y no en las excepcionales. Me interesa subrayar la idea de que aquel que es egoísta no lo es por lo mucho que se quiere a sí mismo. A veces me gustaría hacer carteles como éste y pegarlos por todos lados:

> **EGOÍSTA es aquel que se quiere y se privilegia antes que a los demás.**

Y abajo un cartel más provocativo que diga:

> **¿Y QUÉ?**

Y te haré a ti la misma pregunta retórica: **¿Y qué?** ¿Es malo preferirse uno mismo, siempre o casi siempre, antes que a los demás? Olvídate de los hijos, ya dijimos que son una excepción. ¿Está mal darse la prioridad y escuchar, aunque sea de vez en cuando, las propias necesidades o anteponer las propias urgencias?

Yo me sorprendo cuando advierto que la gente se enfada con este tema. Todos saben que lo que digo es cierto, pero está tan encontrado con lo que venimos aprendiendo, se da tanto de narices contra lo que nos han enseñado, que nos suena inaceptable. ¿Qué se supone? ¿Que si discuto contigo en este momento tengo que priorizar tu punto de vista? ¿Alguien puede creer que yo deba hacerme cargo de las necesidades de todos y pasar siempre de las mías? Sería totalmente absurdo. Habrá que admitir que existen por lo menos dos tipos de egoísmos. Un egoísmo sano, que es el que son capaces de tener las personas sanas, y un egoísmo patológi-

68

co, propiedad de las personas mezquinas, crueles, manipuladoras, autoritarias y resentidas.

Cuando yo me relaciono con mi esposa, de hecho una de las personas que más me importa en el mundo, ¿debería sentir que la tengo que querer a ella más que a mí mismo? Piensa. Desde el principio, ¿por qué estoy con ella? ¿Por qué vivimos juntos? Yo sé lo que nuestra relación representa para *mí*, yo siento lo importante que es para mí saberme amado y siento el enorme caudal de energías que me mueve mi amor por ella, pero no estoy a su lado por lo que todo esto hace en *ella* (estas serán sus razones, supongo). Yo no estoy con ella para hacerle un favor. Yo no siento lo que ella siente. Yo estoy con ella por mí —y en todo caso deseo que a ella le pase algo parecido.

Estar con el otro por el otro, pensar que la grandeza de ese amor implica en buenos términos el sacrificio de renunciar a uno mismo, es una idea de menor cuantía, aunque suene desinteresada. Me irrita y me subleva escuchar a todas esas personas que «se llenan la boca» diciendo cosas como: «Esto lo hago por ti, y quiero que sepas que lo hago por ti».

¿Sabes lo que está haciendo la persona que te dice eso? Está cogiendo una libreta y apuntando los detalles del episodio para poder pasarte una factura después: «El 10 de octubre de 1998 fui a hacer tal cosa, y lo hice por ti, así que... Me debes una». Y «Me debes una» significa: «La próxima vez que yo quiera que vayas a un sitio al que tú no quieras ir **debes** hacerlo igualmente porque yo fui adonde fui aquel 10 de octubre».

Esto no es ninguna broma. Cuidado con esos juegos. A mi juicio, cada persona debería transitar mejor el espacio de la autoestima y el egoísmo, que implica preferirse por encima de los otros.

—¿Y qué lugar ocupa la solidaridad en este razonamiento? Porque no vas a negarme también que la solidaridad es importante.

69

—No, no lo niego. Sobre todo porque la idea de solidaridad no es tan lejana a la de egoísmo como se supone. Digamos que hay dos etapas en la vida de un individuo que llamaremos, esquemáticamente, la etapa de la solidaridad *de ida* y la etapa del egoísmo solidario, que también llamo la solidaridad *de vuelta*. Para estar «de vuelta» hace falta haber vivido algunas cosas, es necesario haber pasado por ciertas experiencias, es imprescindible haber descubierto ciertos secretos. Uno nunca sabe cuándo realmente está de vuelta, pero recibe pistas para poder ir dándose cuenta.

Mamerto Menapace, un sacerdote de la ciudad argentina de Córdoba, dice que cuando alguien de dieciocho años afirma que «está de vuelta», él suele pensar: «No debe haber llegado muy lejos...». Esta frase siempre me hace sonreír y me alegro de ver que también tú estás sonriendo. En efecto, hace falta cierto tiempo vivido para darse cuenta de esa vuelta, pero hace falta sobre todo un descubrimiento del otro, del prójimo.

Cuando yo estoy de ida, si soy una buena persona, si he sido bien educado, si soy más o menos sano, creeré que **hay que ser solidario**. Y si me pregunto por qué lo creo, me recitaré en diálogo interno algunas razones que aprendí.

Porque podría ser yo ése que sufre.

Porque mañana, cuando yo sufra, otro debe pensar en mí y ayudarme.

Porque me siento culpable si no ayudo.

Porque esto es lo que me enseñaron mis padres.

Porque temo que Dios o la vida me castiguen si no lo hago.

Porque voy a recibir el doble de lo que dé...

Estas y otras son las razones que tengo, de ida. Y está claro con nuestras definiciones que son razones egoístas. Porque, como es obvio, acabo siendo solidario por mí mismo.

70

Soy yo el que se sentiría mal si no lo hiciera. Ninguna de estas decisiones es altruista. Dijiste antes que el egoísmo era lo contrario de altruismo, ¿verdad? En efecto, altruismo, ahora lo sabemos, es preferir al otro antes que a mí. Quizás sería maravilloso, pero si fuera permanente lo consideraría enfermizo. Sobre todo porque no es necesario ser altruista para ser solidario, por lo menos cuando uno es un adulto sano.

Hay un momento en el que cuando uno se da cuenta de la verdadera relación y el verdadero lugar que tiene en el mundo; emprende la *vuelta*. Regresa, como todos los héroes mitológicos. Al volver, le ocurre algo que es una de las cosas más maravillosas que le pueden suceder a una persona. Uno «descubre» finalmente el placer que se siente al hacer algo por alguien. Por alguien que uno quiere o por alguien que uno ni siquiera conoce. Descubre, por fin, un profundo placer que se produce en sí mismo al hacer algo para alguien más.

Cuando me sucedió a mí, no hace demasiado tiempo, empecé a comprender el verdadero valor de la ayuda y el valor que tiene ser egoísta. A partir de entonces digo: «Yo soy tan egoísta, pero tan egoísta que, como me causa tanto placer poder ayudar, lo voy a intentar. Lo haré porque yo quiero, porque a mí me da placer. Lo haré por mí y no por ti, así que nada me debes».

Alguien me enseñó alguna vez que los hawaianos tienen un idioma con muchas menos palabras que el nuestro. Una de ellas, la que se usa para dar las gracias, es la palabra *majal (o mahalo)*, que significa más o menos «te agradezco mucho». Lo notable para mí fue enterarme que para responder a ese agradecimiento se utiliza una palabra, equivalente a nuestra frase «de nada», que también es *majal*.

Si aceptamos que el lenguaje que hablamos dice algunas

cosas de quien lo habla, entenderemos claramente que para la sabiduría, supuestamente más primaria, de los hawaianos, cuando uno hace algo por alguien, también debería agradecer haberle permitido ayudar. Es decir, que también es uno el que disfruta sintiendo el placer de haber ayudado a alguien. De modo que, en un diálogo, *Majal... / Majal...,* significa: «Te agradezco que me hayas ayudado / Te agradezco que me hayas dejado ayudarte».

Porque, en última instancia, en este proceso donde uno ayuda a otro, los dos ganan.

Pensar que si alguien decide ayudar a otra persona debe evaluar aquello a lo que renuncia o detenerse a medir lo que uno pierde, es la antesala de la tan aplaudida idea de que para ayudar a otro, al igual que para llegar a un objetivo cualquiera, hay que sacrificarse.

El amor, egoísta, altruista o lo que sea, es otra cosa. Porque el amor, tal como yo lo entiendo no consiste en vivir sacrificadamente, sino precisamente todo lo contrario. Hay que aprender a registrar en nuestra agenda diaria todas las cosas que uno hace con el amor. Las cosas que hacemos para otro *egoístamente.*

El amor adulto, como yo lo entiendo, consiste en que alguien que se prefiere a sí mismo antes que al otro pueda disfrutar de aquello que hace para la persona amada.

La única ayuda que no genera deuda es la ayuda dada por el placer de ayudar.

Puedes creerlo o no —en mi humilde casita de campo y con mis referencias, como en el cuento de Landrisina— no hay nadie en tu vida que sea más importante que tú. Alguien podría decirme: «Pero, doctor... ¿Y la virtud? ¿Y la doctrina social, y la Iglesia, y el judaísmo, y el Islam, y todos los que desde todos los rincones nos dicen «Amarás a tu prójimo como a ti mismo»? ¿Qué pasa con ese mensaje compartido por todas las líneas espirituales y la mayoría de las religiones de la historia?» Pues debo decir que, como hipótesis del amor ideal, está muy bien. Presta atención. Dicen «Amarás a tu prójimo como a ti mismo», no dicen «más que a ti mismo». ¿Verdad? ¿Y sabes por qué no lo dicen? Porque ese concepto, que remite a la idea de excelencia, de máxima perfección, ha perdurado de la mano de la sabiduría de los pueblos, y ella informa que en lo cotidiano, en la realidad, llegar a amar a otro como a uno mismo es lo más que se podría pedir. Y es que se intenta que el parámetro de la medida del amor ideal sea lo que uno es capaz de quererse a sí mismo. Y justo después, intentar hacer lo posible para ver si se puede llegar a querer al otro como a uno mismo.

Y esto nos lleva una vez más a algo que tú dijiste. Aquello de que el egoísta cree que es la medida de todo, que todo gira alrededor de él; cree que él es el centro del mundo. El egoísta —asegurabas antes— es un egocéntrico... Y, mal que me pese... ¡Estoy de acuerdo! Nada me molesta más que arruinar un profundo desacuerdo con algún acuerdo ocasional... Porque, en general, disfruto más oponiéndome, discutiendo, en el mejor sentido, ya me entiendes...

—*Eres muy malo tú...*

—No. No lo soy. Pero a esta altura es necesario que diferenciemos el egocentrismo de la egolatría.. *Egocentrismo* es sentirse el centro del mundo. Y, en verdad, tampoco considero que esto sea malo. Porque uno ES el centro del mundo. Pero, ¿de qué mundo? Atención, del mundo que uno habita, de SU mundo. Entendámoslo así: el mundo de todas las cosas que quiero y conozco tiene centro en mí, y el mundo de todas TUS cosas tiene centro en TI.

Cada uno de nosotros es el centro del mundo en el que vive, y todas las cosas que pasan alrededor de uno pasan necesariamente por uno.

Egolatría es otra cosa. Es creer que uno es el centro del

mundo de los demás o de la vida del otro. Y eso es lo complicado. Lo siniestro, lo perverso y lo terrible es la egolatría, no el egocentrismo. Porque el ególatra (egolatría quiere decir *deificar el yo*) cree que es un Dios, se cree un ser superior. Una cosa es que yo sepa que soy el centro del mundo en el que vivo, y que acepte que mi vecino de enfrente es el centro del mundo donde vive él, y que la portera del edificio que habito es el centro del mundo donde ella vive, y que mi amigo Pepe es el centro del «Pepe's mundo», y otra cosa muy diferente es que yo crea que soy el centro del mundo donde viven todos ellos.

Eso es egolatría, eso es vanidad, eso es lo que no es válido, como tampoco es válido despreciarse permitiendo que otros se crean o me convenzan de que son el centro de la propia vida.

Si yo decido que mi amigo José sea el centro de mi vida, no importa a qué distancia esté yo de José, siempre estaré girando a su alrededor. Si el dinero que gano es el centro de mi existencia, mi existencia girará alrededor del dinero. Lo mismo ocurre con el poder, con el sexo o con la gloria. La única manera de no vivir girando alrededor de algo o de alguien es ser el centro de la propia vida, el centro de mi propio mundo. Y cuando yo sé esto y José también lo sabe, entonces él y yo podemos encontrarnos, y seremos dos mundos que se encuentran, el mío con centro en mí y el de José con centro en él.

Déjame que te cuente mi versión de este cuento al que veo íntimamente relacionado con el tema de los buenos y los malos amores. Es una de las historias de amor más hermosas y conmovedoras que jamás escuché. Se conoció de la mano de un escritor norteamericano llamado O'Henry, a quien a su vez le llegó de un antiguo cuento suizo de Navidad.

Se trata de dos guapos jóvenes que se hicieron novios cuando ella tenía trece años y él dieciocho. Vivían en un pueblecito de leñadores situado junto a una montaña. Él era alto, esbelto y musculoso, dado que había aprendido a ser leñador desde la infancia. Ella era rubia, de pelo muy largo, tanto que le llegaba hasta la cintura; tenía los ojos celestes, hermosos y maravillosos.

La historia cuenta que habían llevado su noviazgo con la complicidad de todo el pueblo. Hasta que un día, cuando ella cumplió dieciocho años y él veintitrés, el pueblo entero se puso de acuerdo para ayudar a que ambos se casaran.

Les regalaron una cabaña, con una parcela de árboles para que él pudiera trabajar como leñador. Después de casarse se fueron a vivir allí para alegría de todos, de ellos mismos, de su familia y del pueblo, que tanto había ayudado a esa relación.

Y vivieron allí durante todos los días de un invierno, un verano, una primavera y un otoño, disfrutando mucho de estar juntos. Cuando el día del primer aniversario de la boda se acercaba, ella sintió que debía hacer algo para demostrarle a él su profundo amor. Pensó en hacerle un regalo que tuviera ese significado. Si le obsequiaba un hacha nueva estaría relacionada con el trabajo; un jersey de punto tejido por ella, tampoco la convenció, pues ya le había tejido prendas en otras oportunidades; una buena comida no le parecía suficiente agasajo...

Decidió bajar al pueblo para ver qué podía encontrar allí y empezó a caminar por las calles. Sin embargo, por mucho que caminara no encontraba nada que fuera tan importante y que ella pudiera comprar con las monedas que, semanas antes, había ido guardando de lo que le sobraba de las compras domésticas pensando que se acercaba la fecha del aniversario.

Al pasar por una joyería, la única que había en el pueblo, vio una hermosa cadena de oro expuesta en el escaparate. Entonces recordó que había un sólo objeto material que él adoraba verdaderamente, que consideraba valioso. Se trataba de un reloj de oro que su abuelo le había regalado antes de morir. Desde pequeño, él guardaba ese reloj en un estuche de ante, que dejaba siempre al lado de su cama. Todas las noches abría el cajón de la mesilla de noche, sacaba de su estuche aquel reloj, lo pulía, le daba un poquito de cuerda, se quedaba escuchándolo hasta que la cuerda se acababa, lo volvía a pulir, lo acariciaba un rato y lo guardaba nuevamente en el estuche.

Ella pensó: «Qué maravilloso regalo sería esta cadena de oro para aquel reloj». Entró a preguntar cuánto valía y, ante la respuesta, una angustia la tomó por sorpresa. Era mucho más dinero del que ella había imaginado, mucho más de lo que ella había podido juntar. Hubiera tenido que esperar tres aniversarios más para poder comprárselo. Pero ella no podía esperar tanto.

Salió del pueblo un poco triste, pensando qué hacer para conseguir el dinero necesario para esto. Entonces pensó en trabajar, pero no sabía cómo; y pensó y pensó, hasta que, al pasar por la única peluquería del pueblo, vio un anuncio que ponía: «Se compra pelo natural». Y como ella tenía ese pelo rubio, que no se había cortado desde que tenía diez años, entró de inmediato a preguntar.

El dinero que le ofrecían alcanzaba para comprar la cadena de oro y todavía sobraba para una caja donde guardar cadena y reloj. No lo dudó. Le dijo a la peluquera:

—Si dentro de tres días regreso para venderle mi pelo, ¿usted me lo compraría?

—Seguro —fue la respuesta.

—Entonces en tres días estaré aquí.

Regresó a la joyería, dejó reservada la cadena y volvió a su casa. No dijo nada.

El día del aniversario, los dos se abrazaron un poquito más fuerte que de costumbre. Luego él se fue a trabajar y ella bajó al pueblo.

Se hizo cortar el pelo bien corto y, después de tomar el dinero, se dirigió a la joyería. Compró allí la cadena de oro y la caja de madera. Cuando llegó a su casa, guisó y esperó que llegara la tarde, momento en que él solía regresar.

A diferencia de otras veces, que solía iluminar la casa cuando él llegaba, esta vez bajó las luces, puso sólo dos velas y se colocó un pañuelo en la cabeza. Porque él también amaba su pelo y ella no quería que se diera cuenta de que se lo había cortado. Ya habría tiempo después para explicárselo.

Él llegó. Se abrazaron muy fuerte y se dijeron lo mucho que se querían. Entonces, ella sacó de debajo de la mesa la caja de madera que contenía la cadena de oro para el reloj. Y él fue hasta el armario ropero y extrajo de allí una caja muy grande que le había traído mientras ella no estaba.

La caja contenía dos enormes peinetas que él había comprado... Vendiendo el reloj de oro del abuelo.

Si crees que la medida del amor es el sacrificio, por favor, no olvides esta historia. El sentido del amor no se mide solamente en nuestra capacidad de inmolarnos en sacrificios por el otro, sino también y sobre todo en la disposición a disfrutar de su sola existencia.

Si te amo, lo mejor que puedo hacer es trabajar para construir la manera en que los dos vivamos juntos el mayor de los placeres: el encuentro. Un encuentro donde tú sepas que estoy a tu lado porque me quiero y me prefiero; y donde yo sepa que estás junto a mí porque, haciendo uso de tus mejores egoísmos, me escoges a mí para estar contigo.

—*¿Podremos encontrarnos otro día?*
—Podemos.
—*¿Mañana?*
—Mañana. Aquí en el Balcón...
—*Dos besos, hasta mañana... Me llevo los papeles...*
—OK.

Segunda parte

Miedos

—*Tengo mi libreta y mi lápiz. He traído otros para ti. ¿Empezamos?*

—Vale.

—*Quiero que hablemos sobre el miedo.*

—Así sólo: el miedo.

—*Sí.*

—El tema que propones es bien interesante. Pero qué difícil es hablar de un tema tan vasto como éste sin ser tan superficial como para no decir nada y sin ser tan denso como para que no se entienda nada. A mí me ocurre muchas veces, cuando explico las cosas en palabras técnicas, precisas y difíciles, después no entiendo ni yo mismo lo que quise decir. Es así, no te rías.

Voy a tratar de ser breve. En primer lugar, porque como ya te dije, el tema es amplio. En segundo, porque lo más interesante de esta charla va a ser el aporte y las preguntas que surjan de ti. Y en tercero y último, porque no hace mucho tiempo me encontré con una frase que me causó un gran impacto y me hizo repensar esta tarea, la docencia, que la vida me ofreció la oportunidad de hacer. La frase decía: «Es mejor hablar poco y que la gente piense —quizá— que uno es un idiota, que hablar mucho y que a nadie le quede ninguna duda». Sí, también esto es gracioso, pero no sé si tiene sentido que tomes nota justamente de esa frase...

En *Cartas para Claudia*, mi primer libro, me atreví a acercarme a una definición coloquial de lo que es ser neurótico. Decía allí, siguiendo el rumbo de la psicoterapia Gestáltica, que un neurótico es un inmaduro, alguien que no disfruta plenamente de su vida, alguien que no vive en el presente, alguien que interrumpe permanentemente su proceso vivencial.

—*Tengo una pregunta que quizás te saque del tema pero aprovecho: en los hechos, en la vida cotidiana, en lo de todos los días, ¿cómo vive un neurótico? ¿Cómo es?*

—¿Cómo se lo reconoce?

—*Está bien... ¿Cómo me reconozco neurótica?*

—Yo diría que hay tres conductas estereotipadas que son emblemáticas: el mal humor, la queja y el miedo.

Todos sabemos que sin ser quienes somos no podremos nunca ser felices. Sabemos que la falta de autenticidad nos ocasiona sufrimiento. Nos damos cuenta de cómo se consume nuestra energía tratando de sostener los roles prefijados. Pero lo seguimos haciendo. Padecemos la falta de contacto afectivo pero nos limitamos a observar una y otra vez el distanciamiento de nuestros seres queridos. Sentimos y resentimos cuando nos damos cuenta de cómo desde adentro de nosotros algo no nos permite disfrutar de las cosas, pero nos sentimos impotentes de hacer algo para curarnos...

—*Estás diciendo que alguien que a veces está de mal humor o que se queja de lo que no le sale bien, o alguien que tiene miedo, ¿es un neurótico?*

—La respuesta que me surge es sí y no. No, porque todo es una cuestión de grados: lo patológico, lo enfermo, es que el mal humor, la queja o el miedo sean la norma, que rijan tu vida, que estén presentes la mayor parte del tiempo. Y sí, porque en última instancia esos «sistemas» son la expresión de un cierto grado de neurosis que todos padecemos.

—*¿Quieres decir que un individuo sano nunca estaría de mal humor?*

—¿Un individuo absolutamente sano? Nunca.

—*¿Ni se quejaría?*

—Nunca.

—*Ni tendría miedo...*

—En el sentido en que ahora vamos a definir el miedo propiamente dicho, un individuo sano no lo sentiría. No te enfades, atrévete mejor a seguir estos razonamientos hasta el final y quizás podamos ponernos de acuerdo.

Una pregunta obvia persigue a los individuos desde el comienzo de la civilización; y a los filósofos, psicólogos y sociólogos desde la creación de las ciencias cuyo objeto de estudio es el ser humano. Un interrogante que hoy yo podría enunciar un poco más provocativamente. ¿Por qué no nos atrevemos a dejar de ser neuróticos? O en palabras equivalentes, ¿qué es lo que nos impide ser verdaderamente quienes somos?

Y la respuesta es: básicamente, el miedo. Y cerca de él algunos hábitos que hemos adquirido como consecuencia de haber quedado anclados en algún miedo, propio o ajeno.

—*No entiendo. ¿En qué quedamos? ¿Es causa o efecto?*

—Ambas cosas. El miedo es causa y consecuencia de la conducta neurótica, y hasta cierto punto es también su definición, porque el miedo condiciona, limita, restringe, empequeñece y distorsiona.

El trabajo personal con los condicionamientos internos desempeña un papel preferente a la hora de luchar por la autenticidad, que es la pelea por ser, cada vez más, uno mismo.

—*Te aclaro que mi idea no es conversar puntualmente sobre algunos miedos específicos que veo por allí, sino pedirte que me ayudes a comprender qué significa tener miedo y sobre todo, qué puedo, qué se puede, hacer con él.*

—Muy bien. Para empezar, digamos que todos hemos sentido, sentimos y sentiremos miedo. Algún miedo. Tanto el miedo que llamamos simplemente miedo como el que nombramos indiscriminadamente con sinónimos tales como temor, susto, terror, fobia o pánico, aunque todas estas palabras designen en realidad cosas diferentes.

Añadamos también los miedos que sentimos sin atrevernos a llamarlos de alguna de estas maneras y que solemos disfrazar con la elegancia del lenguaje, para hacer más digerible su contenido.

Aquí escribo una lista de algunas emociones culturalmente aceptables y hasta deseables que muchas veces esconden miedo.

FASTIDIO	ASCO	TIMIDEZ	MALOS RECUERDOS
APRENSIÓN	RECHAZO	REPUGNANCIA	RESISTENCIA
ODIO	PRECAUCIÓN	OBEDIENCIA	INCOMODIDAD
VENERACIÓN	DESAGRADO	REPULSIÓN	RESPETO
DISGUSTO	IRRITACIÓN	DESCONFIANZA	«COSA»

Y te propongo que pienses en estas frases...

«¿Miedo al mar? No. Le tengo respeto.»

«¿Las cucarachas? No, no les tengo miedo. Me dan asco.»

«... porque yo soy muy tímido.»

«No viajo en avión por precaución. Además, me trae malos recuerdos.»

«No quiero ni encontrarme con ese mal nacido... Me inspira rechazo.»

«No es miedo, me da *cosa*.»
(¿Qué querrá decir «me da cosa»?)

84

—Todas estas frases y todas aquellas palabras podrían retraducirse sin esfuerzo en diversos grados de miedo. Te propongo que aceptemos ahora, después de la retraducción, que somos más miedosos de lo que en general estamos dispuestos a admitir.

—*Y según tu opinión eso sería una expresión de nuestras neurosis...*

—Un individuo sano, quiero decir absolutamente sano (es decir, una inexistente construcción teórica), se asustaría frente a una situación de peligro, la recordaría y aprendería de su experiencia, pero no condicionaría su conducta posterior por el miedo.

—*A mí me parece que eso es un juego de palabras. ¿Asustarse y tener miedo no es lo mismo?*

—Es la segunda vez que me acusas de hacer un juego de palabras. Yo mismo a veces me pregunto si todos mis planteamientos, un poco provocativos, respecto del egoísmo, de la culpa o del amor, no son en última instancia un juego semántico. ¿Quién sabe? Me gusta la palabra jugar. Según el diccionario, «jugar» quiere decir «entrar cómodamente una cosa dentro de otra». Así es como los niños juegan cuando juegan, entrando en la situación ficticia del juego y viviéndola con toda intensidad. Uno ve a un niño frente a una pantalla de un ordenar jugando. Está casi ausente. Otro niño se acerca y lo mira; el recién llegado no conoce el juego, así que pregunta: «¿Cuál eres tú?» Y el primero, mientras sigue jugando, le contesta: «Soy el rubio que tiene la espada y tengo que llegar al castillo que está al final del sendero...». El niño está jugando metido con toda comodidad en la trama de la pantalla. ¡Me encanta! Vamos a meternos nosotros en este juego de palabras a ver qué podemos aprender mientras lo jugamos.

En principio, eso que llamamos miedo incluye muchas cosas, entre otras el miedo, propiamente dicho. Esta sería la lista:

	MIEDO (p.p.d.)
	SUSTO
	TEMOR
MIEDOS	FOBIA
	TERROR
	PÁNICO
	ESPANTO
	PAVOR

Empiezo tratando de contestar tu pregunta diferenciando el susto de todo lo demás.

A diferencia del miedo, el susto se refiere a un hecho concreto que está sucediendo en el momento en el que aparece la respuesta; es decir, es por definición, la reacción frente a una situación presente.

Si en determinado momento estamos sentados tranquilamente en casa leyendo el periódico, y en lugar de llamar a la puerta alguien la rompiera pegándole una patada y entrara, tanto tú como yo giraríamos de repente, asustados.

El susto es una respuesta natural y absolutamente sana frente a un peligro concreto y objetivable, que si bien puede no ser tan peligroso como uno lo piensa, es vivido por el que se asusta como si fuera un verdadero peligro.

Desde el punto de vista diagnóstico, estoy asustado cuando la presencia de una situación genuinamente amenazadora desemboca en esa sensación de inquietud y movilización que se conoce con el nombre de Reacción Biológica Inespecífica de Alarma.

El susto se podría definir entonces como el reflejo corporal y psíquico frente a la situación de peligro.

Pero fíjate en este otro ejemplo. Si, en igual situación que la anterior, entrara un león, lo más probable sería que nos asustáramos, porque la figura del león está asociada en nosotros a una situación de peligro, aunque ese león estuviese amaestrado y no fuese a hacernos nada.

Esto es susto, no miedo.

El susto es algo que puedo contarle a otra persona y ésta lo puede entender, aunque no se asuste, porque la situación tiene cierta coherencia. Es decir, es lógico que uno se asuste ante una situación de peligro objetivo, y más aún si dicha situación está ocurriendo en el presente.

¿Cómo sería el miedo? Continuando con el ejemplo anterior, si llega el domador y se lleva al león, si lo hemos visto salir del edificio y, al espiar desde la ventana, también hemos visto cómo se lo llevaban al zoológico, pero cinco minutos después o al día siguiente yo, sin ningún estímulo que no sea el de mi recuerdo, empiezo a pensar que podría entrar otra vez un león y comienzo a asustarme de mi propia idea, y empiezo a tener la respuesta general de alarma, a pesar de que el león no está, entonces no se trata de susto, sino de miedo.

—*Mi madre siempre decía un refrán que yo repito muchas veces, ese de «El miedo no es tonto». Sin embargo, escuchándote, parece que el que no es tonto es el susto; porque a veces el miedo puede serlo, por ejemplo cuando surge a partir de algo que no es verídico. Me refiero al ejemplo del león.*

—Como bien dices, a veces. Porque uno puede saber que lo que se avecina es peligroso porque su experiencia anterior le informa sobre ello y en ese caso el miedo es bien defensivo y tal vez muy listo. De todas maneras y como norma, podríamos decir, para separar la idea de susto de la idea de miedo, que aquel entra por la percepción y este entra por la imaginación. Observa lo que he escrito a continuación:

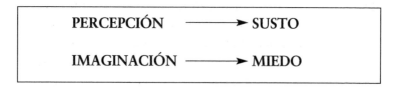

La imaginación alimenta el miedo como la percepción alimenta el susto. Aunque ciertamente existan miedos apoyados en la percepción y sustos que entran por la imaginación, veo algo, imagino lo que podría pasar y entonces me asusto de mi imaginario. Más adelante vamos a ver cómo se llama ese miedo, que es muy particular y tiene un nombre especial.

—*¿No puede ser que yo me imagine que me estoy asustando y después me aparezca el miedo..?*

—El miedo y el susto no se imaginan, se sienten; uno siente que está asustado o que tiene miedo. Ambas son emociones reales y verídicas, provengan de un hecho percibido real o de un hecho imaginario.

Lo que sucede con el susto es que el aparato perceptivo puede estar informando adecuadamente o inadecuadamente. Es decir, puede ser que lo que uno percibe realmente exista y sea ciertamente ofensivo o amenazante (información adecuada) y también puede pasar que uno perciba como peligroso algo que en realidad no existe o algo que existe pero es absolutamente inofensivo (información distorsionada). Esto se ve, por ejemplo, durante los episodios de alteración profunda del estado psíquico, como podrían ser una intoxicación por drogas o un cuadro delirante agudo.

—*Y en ese caso, ¿qué le pasa a alguien que sufre un deli-*

rio o un cuadro psiquiátrico grave como una paranoia (¿así se dice?) o una esquizofrenia...?

—Posiblemente, esa persona pueda vivir la mayor parte del tiempo asustada por la percepción de cosas que para los demás no existen, pero para él o ella son absolutamente reales. Esto es lo que podríamos llamar muy genéricamente alucinaciones. Un esquizofrénico paranoide por ejemplo puede creer que lo están persiguiendo, y de hecho ve o cree ver a la gente que lo sigue y lo acosa. Viéndolo desencajado por esta situación poco importa si es susto o miedo lo que siente; aunque psiquiátricamente es una pregunta fundamental. Parece que fuera miedo porque lo que siente es producto de su imaginación. Pero es susto porque lo que pasa en su mente ha distorsionado la percepción y el paciente se asusta de lo que percibe, aunque solamente él lo vea. El paciente, pobre, está asustado de lo que cree que es real. Si yo alucinara una voz que todo el tiempo me cantara el «arroz con leche», seguramente me asustaría de esta situación. La voz sería imaginaria, nadie más la escucharía; sin embargo, yo la sentiría real y reaccionaría en consecuencia. Cuánto más les pasará a los que escuchan voces insultantes o amenazantes.

—*Por lo que estás diciendo parece que asustarse es bueno.*

—Yo diría que la capacidad para responder con la Reacción Biológica Inespecífica de Alarma es saludable en sí misma. ¿Por qué? Porque esa respuesta nos prepara para conjurar el peligro, sea real o no.

Si yo no fuera capaz de asustarme, habría situaciones de peligro de las cuales no podría defenderme. La sensación de urgencia de alejarme de aquí, si se produjera un incendio, sería una sana respuesta temerosa de protección.

—*Pero asustarse todo el tiempo no es bueno. ¿Dónde está el límite?*

—Yo haría una modificación a tu pregunta. ¿Cuándo esa

capacidad de asustarse se convierte en un problema? ¿Cuándo se transforma en un síntoma? Y contesto: puede ser fatal precisamente cuando la percepción nos informa del «peligro» divorciada de la peligrosidad de las situaciones. Podríamos decir, repitiendo la maravillosa y terrible descripción que hacía mi maestro el doctor Carlos Márquez, que el paciente empieza a percibir todo lo inofensivo como ofensivo, lo cotidiano como extraño y lo inocuo como dañino...

—*Me parece que me estoy metiendo en honduras... Aunque no sea muy exacto, ¿podríamos decir que lo enfermizo de la distorsión es un tema de grados?*

—Muy a la ligera sí. Mira, uno de los problemas del miedo patológico es que, sin desearlo y a veces sin saberlo, el cuerpo produce excesos de adrenalina, montones de sustancias químicas que circulan por el organismo en intención de prepararlo para el peligro, pero que acaban por intoxicarlo. Y no estoy hablando sólo del daño psicológico, sino de la repercusión orgánica de esas sustancias. Pero eso no se da en el susto que pueda tener una persona que se sobresalta con un ruido brusco. Y tampoco le va a suceder necesariamente a alguien que le tiene miedo a los perros y que cuando ve uno se asusta. La «intoxicación» sólo podría sucederle a quien vive percibiendo el peligro por todos lados y suma a su sensación presente de susto el condimento agregado del miedo.

—*¿Eso es fobia?*

—No exactamente, una fobia es algo más. Una cosa es que yo vea una resquebrajadura en una pared, me aparte y empiece a pensar «uy, ¿y si se cae?», aunque no parezca haber peligro de caída; una muy distinta es que yo vea una pared y empiece a pensar en que podría estar resquebrajada y otra que no pueda entrar a lugares cerrados porque piense que se pueden caer las paredes.

—*¿Y qué pasa si la situación de peligro, real, externa, se mantiene durante un tiempo?*

—Pueden pasar dos cosas. La primera, que la tensión de la Reacción de Alarma se mantenga y la persona caiga en una intoxicación como la que he señalado antes. Y la segunda, que se agote la respuesta de alarma a raíz del desgaste de los órganos que producen esas sustancias. Casi todos somos potencialmente capaces de aprender a vivir con cierta cantidad de peligro rondando, aunque seguramente y con el tiempo mediremos las consecuencias.

Vamos a poner un ejemplo ingrato, pero que nos toca de cerca: el atentado del 11 de septiembre. Lo cierto es que, al principio, eso generó en el mundo occidental muchísimo susto. Había una situación real y concreta, que era el peligro del terrorismo; había ocurrido en Nueva York, en un edificio civil, había habido muerte, fuego y sufrimiento. Las consecuencias de la catástrofe estuvieron a la vista de todos durante meses... Después, se hicieron homenajes, aparecía en las noticias de la televisión u otros medios, pero con mayor distancia... ¿Qué pasó? ¿Desapareció la percepción del peligro? ¿Los terroristas dejaron de existir? Claro que no, pero el fenómeno perdió la entidad que tenía. El gran peligro es darse cuenta de que los terroristas que saben esto, tan bien o mejor que nosotros, crearán también su estrategia, intentando reavivar el temor con nuevas amenazas o nuevos atentados cuando perciban esta laxitud. Otro ejemplo, igualmente dramático. Cuando vimos por primera vez las imágenes del hambre de los niños en África o de Latinoamérica, cuando nos mostraron los horrores de la guerra en Irak, las angustias dejadas atrás por el tsunami, o los huracanes de Centroamérica, todos quedamos shockeados víctimas de una fuerte impresión. ¿Qué pasó luego? Que, de alguna manera, nos acostumbramos a que esa era y es la realidad en el mundo. Tristemente, diría yo, hemos aprendido a convivir con todo eso.

Pero dejemos de lado la situación del mundo. Pensemos en una esposa que vive con un marido alcohólico. La primera vez que el tío vuelve borracho la mujer se enfada y se desencadena un episodio de violencia. Ella se asusta, entra en pánico, tiene miedo, etcétera. Lo mismo le pasa la segunda vez y la tercera. Pero, después, *si no se marcha de su casa,* irá construyendo sobre el agotamiento de la Reacción de Alarma un acostumbramiento a esa historia de *Durmiendo con su enemigo...*

Es triste decirlo, pero la mujer de la historia ya no vive la situación como peligrosa, aunque sigue siendo tan peligrosa como al principio. Es muy común en estos casos que alguien, recién llegado, observe una situación como ésta desde fuera y que, a diferencia de quien se acostumbró, perciba el peligro que las otras personas ya no pueden percibir.

—*Yo conozco un ejemplo de eso. Mi tía Loli llegó una tarde a la casa de su vecina y se encontró con el marido de su amiga totalmente alcoholizado. La mujer lo manda a dormir y éste reacciona de modo bastante agresivo y descontrolado. La vecina lo empuja hasta el cuarto entre gritos y cierra la puerta detrás de ella. Mi tía hace señas de irse y la vecina le dice: «No te asustes... ¡No pasa nada! Mucho ruido y pocas nueces. ¡Ya no le tengo miedo a ese cabrón!».*

—Exactamente. Te expongo un caso más. Imaginemos una persona sumamente neurótica que manipula a las demás. Cuando no consigue lo que quiere, amenaza con suicidarse. Cuando alguien que uno quiere o que tiene cerca amenaza con suicidarse, frente a la sola posibilidad de que esto suceda, a uno le entra un susto terrible. Claro, uno se asusta la primera vez, la segunda, la tercera, la cuarta. ¿Pero que pasa la quinta vez?

—*La quinta vez ya no te asusta nada, porque el que amenaza y amenaza nunca se suicida.*

—No estés tan segura. Esta situación, tal como la planteamos, tiende a agravarse. Cuando el otro, digamos que manipulando, percibe que somos inmunes a su amenaza, cuando se da cuenta de que ya no nos asusta, en general duplica su apuesta y empieza a incluir intentos de suicidio cada vez más serios para conseguir atención, para que no se agote mi capacidad de respuesta de alarma. Alguien podría quedarse pensando que todo es solamente una manera de llamar la atención, y posiblemente lo sea, pero algunas veces, llamando la atención alguno se pasa de la raya y se muere de verdad. No es ninguna broma.

Retomando el hilo de la cuestión, el susto se agota de la misma forma en que tienden a agotarse todas las emociones sostenidas por mucho tiempo. Se agotan con la desaparición de la sorpresa, y con la construcción que levantan los mecanismos de defensa. Mecanismos, estos, que por suerte están allí, para permitirnos seguir, para poder convivir con esa situación y sobrevivirla. Porque nadie podría seguir infinitamente expuesto a una situación de peligro si no amortiguara su respuesta emocional. Así como nadie podría sobrevivir demasiado tiempo perdidamente enamorado (aunque en este caso la agonía fuera mucho más dulce).

—*¿Y si uno no se acostumbra y la situación de peligro continúa?*

—Si la tensión se instala pueden suceder dos cosas: que se quiebre la estructura de personalidad, colocándonos en lugares dañinos para nosotros mismos, como la locura o la depresión severa, o más comúnmente que se cree una estructura de adaptación especial que permita sostener un estado de alerta durante espacios prolongados de tiempo. Es decir, si uno no está en edad de volverse loco (la psicosis es un enfermedad de gente joven), vivir en peligro permanente conducirá irremediablemente a una situación que conocemos como estrés y que en los libros de psiquiatría empezó a estudiarse con el nombre de Neurosis de Guerra, porque se empezó a ver en los soldados noveles sometidos a la tensión permanente del frente de batalla.

—¿Pero qué es el famoso estrés?

—El famoso estrés, como tú lo llamas (pero que en realidad deberíamos llamarlo distrés para diferenciarlo de la respuesta sana que se llama eustrés), es fundamentalmente un estado de agotamiento completo de los sistemas de adaptación y del manejo del peligro, en el que el cuerpo ya no puede responder con señales de alerta y el individuo se desmorona. La sensación es de derrumbe, la persona siente que no puede hacer nada más, que no tiene fuerzas para seguir adelante y se desliza hasta un estado de postración psíquica y física del cual es muy lento y penoso el regreso. Una situación amenazante o de excesiva tensión que se sostenga en el tiempo puede provocar un cuadro como el descrito sobre el que aparecen las crisis de llanto, la alternancia del afán combativo con la huida desesperada, las regresiones, los temblores, etcétera.

Te cuento un cuento a ver si te hago reír...

Cuentan que un día, la madre despertó a su hijo alrededor de las 7 de la mañana y éste le dijo:

—No quiero ir a la escuela mamá, no quiero...

—Pero tienes que ir, hijo —contestó la madre comprensiva.

—Pero no quiero —dijo el hijo—, no quiero. Déjame que falte, mami. No quiero ir más, mami —siguió—. Me da miedo el colegio, mami. Me da mucho miedo ir...

—Pero, ¿qué es lo que pasa, hijo, que nunca quieres ir al colegio?

—Los niños me tiran tizas y me roban las cosas de mi mesa, mami —lloriqueó—. Y los maestros me maltratan... Y se burlan de mí... No quiero ir, mami. Déjame que falte, mami... Déjame...

—Mira, hijo —dijo la madre, con firmeza—. Tienes que ir al colegio por cuatro razones: la primera, precisamente para enfrentarte a ese miedo que te acosa. La segunda, porque es tu responsabilidad. La tercera, porque ya tienes 42 años. Y la cuarta... Porque eres el director.

—*Y el miedo a viajar en avión, ¿es miedo o es susto?*

—El miedo es una sensación de susto frente a un pensamiento. El estímulo para la propia respuesta temerosa no está afuera, sino adentro. Es la propia percepción la que me asusta, mi propia idea. Me imagino algo y, a partir de esa idea, tengo miedo. Me da miedo lo que imagino que sucederá o podría suceder. Ahora bien, la persona que antes de subir al avión está pensando que el avión se puede caer y que especula con la probabilidad de que se caiga y ve el avión y emite balbuceos nerviosos, claramente tiene miedo.

Una vez en viaje, un sobresalto inesperado por una turbulencia fuerte puede producirle un susto a más de uno. Ni qué hablar cuando esta situación se da en alguien que venía con un miedo patológico a volar.

La prueba está, como digo siempre, en que para resolver este miedo no hay otro camino que enfrentarlo.

Uno tiene que someterse a ese miedo para transformarlo en susto; esto es, llevarlo hacia la salud. Una vez que un miedo se transforma en susto, entonces uno lo puede dominar y vencer. Esto es importante, tiene que ver con lo que decía al principio acerca de que hay cosas que podemos hacer con los miedos, y la primera es diferenciarlos, clasificarlos, hacerlos objeto de nuestro estudio. Recordar, para empezar, que una cosa es asustarme de un tigre y otra asustarme de la foto del tigre.

—*La pregunta que he venido a hacerte hoy es: ¿Qué se puede hacer con el miedo? ¿Cómo se sale de sus garras (si es que es cierto que se puede uno salir)?*

—Por supuesto que se puede, aunque no siempre la tarea es sencilla. En principio, para resolver un miedo suele ser conveniente, si esto es posible (y no siempre lo es), tener la situación temida frente a nosotros, allí, a la mano. Por lo dicho puedes entender que este es un recurso que me permitirá volverla una amenaza real. Verla, tocarla, olerla, oírla, para luego enfrentarla.

La respuesta básica temerosa, que hemos llamado susto, es una respuesta a una situación presente real. Si uno le puede mostrar al otro el objeto o la situación que lo asusta, el temeroso podrá empezar a operar sobre ella. Para aumentar la complicación, en ciertas ocasiones, el objeto está presente en ese momento, pero el peligro está sólo en la imaginación y aparece el miedo.

Retomemos el ejemplo anterior. Si en lugar de entrar un tigre o un león mostrando los dientes entrara un caniche y uno sintiera la Reacción de Alarma, llamaríamos a eso miedo, no susto; porque lo que genera la respuesta es pura imaginación, y no existe ninguna situación de peligro objetivable.

—*¿Podrías explicarme qué es una situación de peligro objetivable?*

—Una situación en la que cualquiera puede darse cuenta de que hay un peligro. De hecho, en el caso del susto, si el motivo que lo provocó desaparece, desaparece también el susto. La reacción termina y uno se queda con la sensación, pero ya pasó.

—*Déjame ver si lo entiendo. Si estoy bañando a mi bebé y al girar para coger una toalla oigo un ruido, puede ser que me asuste al pensar que el bebé se ha caído; pero cuando gire la cabeza y compruebe que el bebé está bien, el susto desaparece...*

—Sí... Aunque por unos minutos tus latidos cardíacos seguirán mostrando que algo ha pasado... Pero si un señor me apunta con una pistola de juguete, yo no me voy a poner a pensar en ese momento si es de juguete o no; hasta que yo no sepa que es de juguete me crea un susto enorme, porque tengo la percepción de que se trata de una pistola de verdad. Pero cuando me doy cuenta de que es de juguete, si bien ya no siento el mismo susto, me queda la inquietud de estar siendo amenazado, aun con un arma que no sea peligrosa.

—*Pero no todo el mundo se asusta de las mismas cosas...*

—Ni en la misma medida. Por supuesto que en la respuesta temerosa influye en parte el contenido de la propia experiencia. Yo creo, junto con otros colegas, que me asusto más fácilmente cuando tengo una experiencia displacentera que se asocia mentalmente con la actual (y esto puede ser totalmente independiente de la relación que haya objetivamente entre los dos hechos, el anterior y el actual). El miedo, y no el susto, conlleva una sucesión de pensamientos. El miedo comienza pensando una cosa que lo lleva a pensar en otra, que lo lleva a otra y así sucesivamente, hasta que llega al punto de su desesperación. Por el contrario, el susto es como un reflejo, una respuesta frente a un estímulo, algo que te pasa. En Argentina decimos «me pegué un susto», porque el susto parece que «se te pegara» sin tener nada que ver.

—*Pensando la idea de situación presente, ¿uno no puede asustarse de algo que, en rigor, ya pasó?*

—Sí, claro. Me he enterado que el tren del que me acabo de bajar ha tenido un accidente antes de llegar a la próxima estación. Casi, casi, me pilla en el tren.

Casi casi... No sucedió pero me asusto, aunque, en realidad, ya no haya peligro. Me asusto de mi idea de lo que podría haber pasado y no pasó.

Siguiendo con el ejemplo, si cada vez que estoy a punto de subirme a un tren empiezo a pensar que puede chocar, que me puedo lastimar y que me voy a morir aplastado, entonces ese susto se transforma en miedo. La primera respuesta frente a una situación de peligro, la que entra por los sentidos, es susto. La segunda respuesta, por lo general, es miedo, que entra por el pensamiento, porque necesita poner en juego una construcción mental.

El miedo, dice Krishnamurti, es un invento del pensamiento, lo cual significa que nuestros miedos los inventamos nosotros, que son una construcción nuestra. Habitualmente, esa construcción está hecha sobre la base de la experiencia anterior de cada uno; esto es, sobre la base de algo que nos pasó en relación al objeto temido y que nos dejó esa impronta, marca, huella o señal. El miedo se genera a raíz de una situación de peligro inventada por el pensamiento.

—¿*No es verdad que también una puede tomar medidas para que no ocurran ciertas cosas?... A mí me daría miedo pensar que mis hijos pudieran coger una varicela, por ejemplo, y por eso los vacuno. Pero creo que eso es prevención, no miedo.*

—Vale, pero en cierta medida, la prevención actúa muchas veces desde el miedo. Así como el susto sirve para protegerte de algunos peligros, algunos miedos sirven para prevenir determinados daños. Es el miedo a que te atropelle un coche lo que hace que miremos antes de cruzar la calle. La pregunta, como siempre es: ¿Dónde está el límite entre el miedo patológico y el sano?

Ante todo, hay que entender que el miedo, tanto el sano —que conduce a la reflexión— como el patológico —que conduce a la parálisis—, son inventos del pensamiento. Los dos, el que ayuda y el que dificulta, son el resultado de algo que yo imagino que podría llegar a suceder en el futuro y que no quiero que suceda. El miedo es el reflejo de la idea del desagrado que me produce imaginarme algo que podría llegar a pasar; y yo no lo deseo, sea esto real o imaginario. Es decir, puedo tener miedo de algo que, quizás, no llegue a pasar nunca. Si yo pensara que mañana se termina el mundo y no pudiera desacreditarlo, me quedaría atascado en esa idea y me asustaría de mi propio pensamiento catastrófico.

—*Hay algo que me preocupa y no entiendo. ¿Si tanto miedo me da, tanto fastidio, tanto dolor me ocasiona pensar algo como el fin del mundo, cómo es que acabo pensándolo?*

—En otras palabras, ¿cómo puede ser que nos quedemos pensando en algo que nos da tanto displacer?

—*Exacto.*

—La respuesta no es sencilla de explicar ni demasiado fácil de aceptar. Georg Groddeck dice que esto sucede porque cada miedo, profundamente esconde un deseo.

—*¿Y tú qué piensas?*

—Que aunque a veces no es así, en otras es la única explicación. Aunque obviamente esta explicación implique aceptar un montón de preconceptos teóricos que la mayoría de los terapeutas consideramos válidos, como la existencia de deseos que no son conscientes a la persona que los siente.

A todos nos ha pasado pensar en algo que nos diera miedo, o tener miedo de que algo pasara o dejara de pasar. Y, cuando se trata de una cuestión episódica, puede ser que esta fantasía catastrófica esté relacionada con una percepción real. A ver si juntamos lo aprendido en estos ejemplos. Leer en los periódicos que cada día hay más robos en casas particulares de mi barrio puede ser la génesis de mis miedos de ser robado. El miedo surge a partir de suponer con todo criterio que si le pasa a otro también me puede pasar a mí. Si actúo, puedo poner una reja, contratar vigilancia o mudarme a otro barrio. Observa cómo el miedo surge aquí a partir de una percepción concreta del afuera. Puedo cotejar la situación con cualquier persona, mostrarle el periódico, comentarle mi fantasía, y esa persona me puede entender fácilmente, incluso le puede parecer de lo más razonable y hasta podría escuchar que también él pondrá una reja en su casa. Pero si al leer el periódico me entero que —digamos— a un señor le creció una oreja adicional en el cuero cabelludo y, a partir de esa información, empiezo a despertarme todas las noches angustiado tocándome para ver si tengo una oreja en la cabeza o no la tengo, seguramente ese miedo no sea tan razonable ni tan lógico de entender. No te rías, puede haber a quien eso le ocurra de verdad...

—*El mayor de mis hijos tiene dieciséis años. Cuando los fines de semana yo me quedo durmiendo en Málaga, él, por supuesto, aprovecha para salir por la noche, y siempre regresa un poco más tarde de lo acostumbrado. Siempre que me marcho, le digo: «Llámame en cuanto llegues de vuelta a casa porque quiero estar tranquila». Y él se enfada. ¡Siempre nos pasa lo mismo! Yo sé que no debe estar del todo bien, pero hay tantos peligros que una escucha en la calle que, para mi tranquilidad y para evitar toda esa angustia, le pido que me llame.*

—Y para enseñarle a él a tener miedo. Si no, ¿cómo le enseña uno a los hijos que tienen que tener miedo? Para eso también uno hace estas cosas. Pero el ejemplo es muy interesante. Si uno lee estas cosas en los diarios todos los días, ¿cómo no va a tener miedo de que le pase algo a la gente que uno quiere? Es imposible no sentir este miedo.

—*Pero, ¿es cierto que uno le transmite ese miedo a los niños?*

—Por supuesto. ¿Sabes por qué? Es importante saberlo. El susto es una respuesta automática; no hace falta intelecto para sentirlo, se siente desde la parte más animal. Un animal ve a otro animal más grande que le gruñe amenazadoramente y se asusta; no necesita pensar: «¿Me morderá o no me morderá? ¿Está atado o no está atado?». Cuando voy con mi perro por la calle y detrás de una reja aparece un perro que le gruñe y le ladra, mi perro se asusta, y no es que se asuste porque piense «¿y si se cae la reja?».

El susto es una respuesta natural. Ahora bien, cuando el susto evoluciona aparece el miedo, que ya no es una respuesta instintiva sino intelectual. Entonces, nosotros, nuestros hijos y los hijos de nuestros hijos, no hemos nacido con miedo, aunque sí hemos nacido con la posibilidad de asustarnos —la misma que tienen el perro, el gato y el pajarito—. Todos los miedos que tenemos los hemos aprendido; no son innatos. Hemos aprendido a tener miedo porque nos han enseñado. Y nuestros primeros maestros han sido...

—*Mamá y papá.*

—Está claro, ¿no? Empezando por ciertas «barbaridades» que las madres y los padres les decimos impunemente a nuestros hijos, como por ejemplo «Ten cuidado».

—*¿Por qué es una barbaridad decirles eso?*

—Porque «ten cuidado» es «ten miedo», «el mundo es peligroso» o «hazte cargo de que no te ocurra nada». Y, sobre todo, porque implica un lúgubre mensaje: «Cuídate porque yo no podría vivir si algo te ocurriera».

—*Pero esas cosas se dicen para prevenirlos.*

—Sí, puede ser. Pero no previenen, asustan. La prevención es más que un tema de advertencias; es mostrarle al otro cómo son las cosas, explicarle lo que le puede pasar y qué cosas puede hacer para evitarlo. El hecho de que, cuando yo estoy saliendo, mi madre me diga «ten cuidado, ¿eh?», ya no es educación, es un intento de cargarme la maleta con un peso más: «Ahora debo tener cuidado porque si no mi mamá va a sufrir».

—*Pero si se lo dices con voz cariñosa y un tono sereno...*

—No sé. Hay que aprender a decir «diviértete» o «pásatelo bien». Ese es el mejor mensaje. Cuando el niño tiene siete años y tú le dices «ten cuidado», puede ser que le sea de utilidad, aunque yo creo que no. Cuando tiene doce años, probablemente ya no lo sea tanto. Cuando tiene dieciocho, seguramente ya no le sirve para nada o lo perjudica. Y esto lo digo convencido de que si uno no fue capaz de enseñarle a su hijo cómo cuidarse hasta que tiene doce años, no creo que se lo vaya a enseñar a los dieciocho y menos diciéndole la frase favorita: «Cuídate».

Cuando mi madre se entera de que yo voy a la playa y me dice «ten cuidado, conduce a poca velocidad, no adelantes a los otros coches», no es que mi madre crea que yo ahora lo voy a aprender, no está respondiendo a eso; está respondiendo a su propio miedo, está diciendo eso para resolver sus propios temores en la fantasía de que su advertencia miedo puede actuar mágicamente y que si ella me dice «ten cuidado» me voy a cuidar y entonces no me va a pasar nada.

Espero no haberte creado intranquilidad ni confusión. Tenemos enseñar a nuestros hijos a cuidarse, pero a que lo hagan en función de ellos mismos. El «ten cuidado» conlleva la impronta de comprometer al otro con la idea de que tiene que hacer algo y que lo tiene que hacer por quien manda la advertencia.

Nuestros hijos tienen que aprender a cuidarse por ellos, no por los demás y hay aspectos de este verdadero y saludable cuidado que uno puede olvidar justamente por culpa del «ten cuidado» de los padres. Hay que aprender que esta actitud condiciona demasiado.

Te cuento algo para que entiendas lo que te quiero decir. Un día, cuando yo tenía 12 o 13 años salí con mi bicicleta a pasear por el barrio. Al dar vuelta una esquina me caí y me clavé la manivela del freno en la pierna. Yo me cargué la bici al hombro y volví a mi casa con el pie sangrando. Mientras, tenía un solo pensamiento: ¿Qué le iba a pasar a mi madre cuando me viera? No estaba preocupado por mí, ni por la sangre, ni por el dolor: yo pensaba: «Pobre mi madre cuando me vea». Es algo absurdo. Hay que enseñar a los hijos que el hecho de cuidarse es de ellos y para ellos. Y es por eso que no creo que el «ten cuidado» sea una buena idea. En todo caso, me parece muy importante poder poner toda esa energía en el antes, en educar para la propia protección de su cuerpo y su alma.

—Pero esto no se da sólo con los hijos. Cuando un amigo nuestro se va al extranjero, le decimos, en tono bonachón: «Oye, cuídate...».

—¿A que es así? ¿Te das cuenta? Uno tiene ya incorporado el «ten cuidado» o el «cuídate». No procede únicamente de la madre o del padre.

Una señora bastante mayor con la que conversé una vez me dijo que cuando era joven su madre nunca le decía «ten cuidado». Sólo se estiraba el párpado inferior con el dedo y le decía «juicio»... Le dije que la historia era siempre la misma y que no depende de la palabra sino de la actitud. Si nosotros conocemos la educación y la manera de actuar de nuestros hijos —nuestros maridos, esposas o empleados—, ¿qué sentido tienen esos recordatorios antes de partir? Si, antes de subir al avión, la esposa le dice a su marido «cuidadito, ¿eh?», ¿qué se supone que quiere conseguir con eso? ¿Él va a dejar de hacer algo de lo que iba a hacer sólo porque ella le dijo en el último momento «Cuidadito»? No creo, la verdad es que no creo. Casi me cabrea pensar en eso, de verdad. Pero debemos entender que estos mensajes de última hora se hacen desde los propios miedos de cada uno para conjurarlos. Uno no dice «ten cuidado» porque cree que con eso va a proteger al otro, no lo dice pensando que el otro se va a cuidar porque uno se lo advirtió (nadie piensa esto seriamente). A nadie se le ocurre que estas advertencias de la escalinata del avión vayan a condicionar la conducta, sólo lo hacen, como dijimos, para controlar los propios miedos. Casi nunca desde el amor hacia el otro.

—Disculpa. ¿Tú no crees que alguien pueda actuar, a la vez, desde sus propios miedos y desde el amor hacia el otro? ¿Por qué una cosa o la otra?

—Porque el peso de los propios miedos anula la actitud amorosa y, además, porque la persona que me ama quiere que disfrute, no que me cuide, sobre todo si no cree que soy tonto de remate. El que te dice «ten cuidado» te está diciendo: «El mundo es peligroso». El que te dice «disfruta» te está diciendo: «El mundo es un lugar de goce». ¿Quién te ama mejor?

—*Todavía no me hiciste ningún esquema...*

—Es verdad, aquí va.

Vamos a suponer una situación cualquiera que funciona como estímulo. La llamaremos X. La situación, cualquiera que sea, genera siempre una emoción, grande o pequeña pero emoción al fin. Esta emoción desencadenará a su vez la necesidad de elaborar una respuesta vinculada a esa emoción específica.

Nos damos cuenta, pues, que cada estímulo implica una necesidad de respuesta dado que las emociones son energía pura (de hecho, la palabra emoción deriva de moción, que significa movimiento).

Cuando alguien pasa a mi lado, me diga «Hola» o me diga «Tonto», algo me ocurre. Diferente en cada situación, siempre alguna emoción aparecerá. Y esa emoción juntará la energía que se traducirá después en una determinada respuesta.

En el caso de la persona que me insulta, por ejemplo, la energía se gastará en otro insulto, en una bofetada o, si esa persona es más grande y tiene más fuerza que yo, se gastará en salir corriendo. Puede que te cause gracia pero es así, sin duda. En el caso de un encuentro más amoroso sentiré internamente las ganas de demostrar mi agrado y entonces aparecerá por ejemplo un abrazo y esa será la manera de depositar en una acción la energía que produjo la emoción. Recuérdalo siempre: la emoción es la mitad del proceso; la otra mitad es lo que uno hace con esa emoción.

—*La emoción, ¿es anterior a la respuesta?*

—En general debo contestarte que sí. Pero si lo dices por la observación del esquema y la disposición de los términos en él, eso obedece a fines didácticos. Existen las respuestas automáticas. Muchas veces la emoción no es anterior ni posterior; es simultánea, todo sucede en un mismo momento. Otras veces la emoción generada por el estímulo modifica la percepción de éste y modifica entonces la situación original. Será entonces la suma de emociones la que genere la respuesta. Es decir, estímulo, necesidad de respuesta y emoción están en un mismo nivel, se dan casi en el mismo momento, aunque a veces la emoción no esté, por así decirlo, «disponible».

Me encuentro con un amigo que hace mucho que no veo, me emociono, aparece en mí la necesidad de respuesta; un temblor recorre mi cuerpo, siento ganas de llorar, siento en mis brazos, en mis manos, en mi cuerpo, el deseo de abrazarlo. Teniendo claro cuál es mi deseo —en este caso, abrazarlo—, esa necesidad de hacer algo desemboca, por ejemplo, en la decisión de abrazarlo. Y cuando una necesidad de respuesta se transforma en una decisión, la energía acumulada se transforma en las ganas de hacerlo. Estas ganas de hacer lo decidido se denomina excitación. Una emoción muy parecida a la ansiedad, pero placentera.

La excitación es lo que uno siente, por ejemplo, cuando está a punto de salir para ir a una reunión muy importante, una fiesta o un encuentro con alguien que uno desea ver. Algo como un motor dentro de ti te hace pensar y sentir las ganas de que suceda tal o cual cosa. Hay quienes lo llaman ansiedad positiva o buena.

—*Esa excitación eufórica, ¿también tiene que ver con la adrenalina?*

—En cierta medida sí, porque la adrenalina se produce en la etapa de movilización de energía, al preparar al cuerpo para la acción; pero es la decisión de actuar lo que finalmente transforma inquietud original en excitación. ¿Entiendes? Es tomar la decisión lo que provoca el cambio de la energía y sólo cuando se dispone de la energía acumulada por la excitación se puede hacer lo que se había decidido...

—*¿Y si uno siente la emoción y la necesidad de una respuesta, pero por alguna razón no se atreve a actuar, qué pasa?*

—¡Es la situación que nosotros llamamos interrupción! Alguien ha registrado la situación, sabe qué es lo que desea hacer, moviliza la energía de la emoción, pero a último momento no se atreve a llevarlo a la acción.

—*Es esa gente que dice: «¡Mira que te pego! ¿Eh? ¡Mira*

que te doy! ¿Eh?» Y, *cuando harta ya, una le contesta: «Pues venga, ¡pégame! A ver...»* Repiten: *«¡No me provoques! ¿Eh? ¡A ver si te pego! ¿Eh? ¡Mira que te doy!»*

—Pues sí, eso es. Y a veces la acumulación de toda esa energía es capaz de actuar en contra de la persona y de derrumbarla literalmente, como lo haría el estrés continuo del que hablamos antes.

La emoción, en el mejor de los casos, siempre finaliza en acción y, si no lo hace, se cambia a inquietud.

Frente a nuestra situación X (real o imaginaria), no siempre se tiene claridad de cómo actuar; no siempre se sabe cuál es la respuesta más adecuada. En estos casos, aquella necesidad de respuesta termina en la duda y no en la decisión, y la inquietud aumenta.

Así se llega a la verdadera situación de *indecisión,* y aquella movilización que originariamente se podía transformar en excitación se convierte, ahora sí, en ansiedad, esta vez displacentera y dañina.

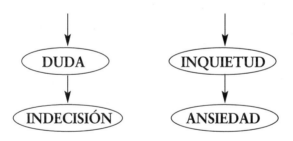

Esta ansiedad, nacida de la duda y de la indecisión, es siempre vivida con una gran insatisfacción.

Es el desagrado de pensar que puede ocurrir lo que uno no quiere que ocurra. ¿Y si llega a pasar? ¿Qué voy a hacer? Tendría que hacer algo y no sé qué voy a hacer. ¿Qué haría yo si sucediera?

—¿Y eso puede ser permanente?

—Cuando esta situación de indecisión y ansiedad se mantiene, la primera se transforma en parálisis y la segunda en angustia. La persona se queda petrificada ante la situación. No sólo no sabe qué hacer, sino que, aunque se le dijera qué hacer, no sabría cómo hacerlo. Siente que no puede nada, que le falta la fuerza, que no puede ni pensar en actuar... Se suma una sensación física concreta, la sensación de opresión interna, y de allí el nombre de angustia, que viene de angosto; cuando se está angustiado, el que lo padece, siente como si algo le oprimiese el pecho. Se trata de una situación en la que uno se siente inerme e indefenso. No puede defenderse ni pedir ayuda.

—*¿Esto puede llevar a un ataque de pánico?*

—No, el ataque de pánico es otra cosa, porque en realidad el ataque de pánico no es una enfermedad del miedo, es una enfermedad de la ansiedad. La confusión se genera por un problema de traducción. El pánico es el ataque de ansiedad aguda y, en general, no tiene que ver con el miedo. En todo caso tiene que ver con el susto del paciente cuando se da cuenta de lo que siente y de los pensamientos catastróficos que no puede evitar. No vamos a hablar mucho de eso, por lo menos hoy, pero la buena noticia para el 30% de la población urbana que padece esta patología, según las últimas estadísticas, es que es una de las pocas enfermedades que se cura siempre.

—*¿Qué quiere decir siempre?*

—Siempre quiere decir que, más allá de que haya que encontrar el camino de salida de cada paciente, si éste es consecuente, en un cien por cien de los casos el problema tiene solución. No olvides que es un problema relacionado con la ansiedad aguda y no con el miedo,

—*¿Ansioso puede ser alguien que, cuando tiene que ir a un lugar, llega dos horas antes...?*

—Como ya dijimos muchas veces se llama ansiosa también a la persona que está excitada, así como a la excitación se la llama ansiedad. Hay gente que es tan ansiosa que, cuando quiere que algo suceda, quiere que suceda cuanto antes; tiene tanta prisa de que eso suceda, que hace las cosas con anterioridad.

—*Pero no por eso tiene necesariamente que sentir angustia.*

—No, pero hay un tipo de «ansiedad» que puede ser inútil, aquella que nunca consigue transformarse en motivación.

—*¿Cómo definirías la motivación?*

—La motivación es, como su nombre lo indica «el motivo de la acción» y, en nuestro esquema, vamos a considerarla como parte de la emoción. Ante una situación determinada, la motivación puede ayudarnos a que transformemos la necesidad de respuesta en acción. Es decir, puede ayudarnos a no detener nuestro camino antes de la acción. En este sentido, actúa como un incentivo adicional en la búsqueda de la energía para poder actuar y llevar a buen puerto nuestros proyectos. Sobre todo aquellos que dependen de nosotros, porque en todos los otros mucha motivación no garantiza el resultado deseado.

No sería la primera vez que alguien emplea media hora en vestirse, se perfuma, se afeita, va a la peluquería, se compra un traje y una corbata para encontrarse con la mujer que ama, cuando ella decide que no va a acudir a la cita. De modo que uno se queda esperando dos horas en balde. Esto sucede. No siempre la acción termina siendo efectiva; a veces, como dijimos, es absolutamente inútil. ¿Se entiende lo que digo?

Mira.

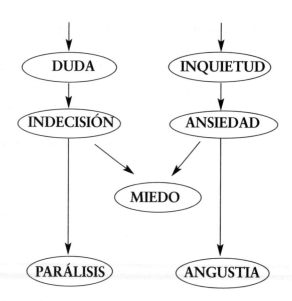

—*Y la ineficacia repetida de mis decisiones y acciones, ¿no puede agravar este esquema?*

—Claro que puede, y lo hace. La inutilidad de nuestras acciones puede realimentar la angustia y con ella nuestra parálisis. Llega un momento donde nos quedamos otra vez sin capacidad de respuesta. La suma de ambas sensaciones reciclándose enfermizamente conduce, no ya a la acción, sino irremediablemente al miedo.

El miedo aparece entonces cuando, ante un estímulo real o imaginario, la necesidad de respuesta y la emoción conducen, por vía de la indecisión, hacia la parálisis y la angustia. Dicho de otra manera, lo que conocemos con el nombre de miedo no es más que esta combinación de duda, ansiedad, angustia, indecisión y parálisis.

—*Es el fondo del pozo...*

—Lamentablemente no lo es; si la parálisis y la angustia, en lugar de transformarse en un episodio ocasional, se profundizaran aún más, si anidaran en nuestro ánimo, si se transformaran en nuestra forma básica de respuesta, darían lugar a otra vivencia que, a veces, es bastante más dramática: la depresión.

Pero no siempre, claro, la depresión aparece a través de este mecanismo que acabo de señalar. Por ejemplo, si yo atravieso por un momento de dudas e inquietudes, la indecisión y la ansiedad no tardarán en aparecer. Pero si caigo en la parálisis y la angustia, y me quedo mucho tiempo detenido en ese estado, en vez de aterrizar en el miedo, aterrizo en la depresión.

—*La depresión es lo peor que hay, ¿no es verdad?*

—La palabra depresión es la gran amenaza de nuestra cultura. Pero para comprenderla hace falta a veces pensarla como un gigantesco y enfermizo mecanismo de defensa.

—*¿Por qué y de qué me puede defender una depresión?*

—Trata de seguirme en este razonamiento: abrumado por la sensación de peligro que siento y desbordado por una sensación de próxima aniquilación, me siento anclado en el miedo. De pronto, sin que nada se agrave, comienzo a deprimirme.

Si pensamos en que uno de los síntomas principales de la depresión es la disminución del compromiso con el mundo exterior y el aletargamiento de la vivencia emocional interna, todo empezará a suceder desde detrás de un cortinaje. Como si la realidad estuviera muy lejos y se revolcara silenciosa entre algodones.

—*No sé si estoy muy de acuerdo con eso... Cuando yo me siento deprimida, todo me duele más, me impacta más profundamente y me hace sentir más desgraciada.*

—No confundas depresión con tristeza porque son dos cosas diferentes. Cuando estoy verdaderamente deprimido no siento; no tengo grandes sensaciones ni registro sentimientos demasiado profundos, cuando estoy triste me pasa eso que tú describes y más. La diferencia no es importante desde el punto de vista semántico, pero sí desde la clínica de los pacientes. En este sentido podrá entenderse lo que te decía de la respuesta defensiva, porque en la depresión (y no en la tristeza), al dejar de tener registro del estímulo, dejo de tener vivencia de la emoción. Y si pierdo ambos registros, desaparece la necesidad de respuesta, y el aletargamiento de mi casi ausencia me protege. Por supuesto que no es sano, aparece como un mecanismo evitador y no sanador.

—*¿Estás diciendo que es bueno deprimirse?*

—No, en absoluto. Estoy hablando de la utilidad, no de la conveniencia. Esta depresión es como un cambio a una situación diferente, que el organismo intenta para salirse de una situación que cree insoportable e insoluble. En verdad, es tanto o más terrible que la anterior, es un canje en el que, en realidad, se sale perdiendo. Es como saltar de la sartén al fuego, un muy mal negocio.

Todos hemos visto alguna vez las terribles imágenes de gente que salta al vacío desde un vigésimo piso para escaparse de un edificio en llamas. Si pudiera pensarlo se daría cuenta de que se lanza a una muerte segura; y sin embargo, para que las llamas no la quemen, salta. En el caso de estas depresiones, el movimiento es el mismo: para salir de una situación en la cual el estímulo y la emoción son terribles, se termina cayendo en una situación tanto o más terrible que la anterior.

—*Pero el deprimido sufre, ¿verdad?*

—Quizá sufra, pero no en términos de tristeza o de llanto. Sufre de una sensación que se suele llamar «sensación de ruina interna». Siente que algo se ha roto en su interior. Es muy grave y a veces muy doloroso, pero no es tristeza. Algunos creen que quieren morirse... Aunque la mayor parte de las veces son personas que no quieren vivir, que no es lo mismo. La mayor parte de las veces, el deprimido no tiene ganas de nada, ni siquiera de suicidarse. La sensación que se vive al estar deprimido es la de tener —interiormente— los restos de algo o, mejor dicho, de uno mismo. Deprimido es aquel que se encierra en su casa y se queda en la cama durante semanas; y no sale porque siente que no tiene sentido hacerlo.

Por supuesto, hay distintos grados de depresión y hay depresiones que no se generan a través de este mecanismo. Hay gente que, deprimida o no, hace sus cosas cada día, sale a la calle, trabaja en su oficina, se encuentra con los amigos... ¡Pero todo con un esfuerzo...!

—¡...sobrehumano!

—Me has quitado la palabra de la boca. Es así. Porque sostener esa situación y seguir cumpliendo con las tareas que se tienen que hacer mientras se está deprimido, es realmente heroico. Toda persona que se halle en una situación como ésta terminará irremediablemente herida por la vivencia y posiblemente con una cicatriz como recuerdo. En *Cartas para Claudia*, mi primer libro, me refiero en una parte a un momento de mi vida en que yo estuve deprimido... Y relato mi propia experiencia con la depresión. Quiero decirte que, sinceramente, siento que si yo no hubiera pasado por eso, me costaría mucho más entender lo que es una depresión. En mi opinión, únicamente alguien que ha estado realmente deprimido puede entenderlo. Por supuesto, como siempre, todo es una cuestión de grados: hay gente que no parece estar deprimida o ni se le nota. Y hay otra gente que sin llegar a atentar contra su vida se deja morir, se lastima o se destruye, por ejemplo, en una adicción.

Al encontrarse con alguna persona presa de un estado depresivo severo se tiene la sensación de estar con «la cáscara vacía» de lo que alguna vez el otro debe haber sido. Uno puede ver a la persona, pero parece que no estuviera ahí; contesta, dice alguna frase, por momentos sonríe, pero al mirarla se ve que no tiene brillo en los ojos, que le falta algo, como si le faltara justamente vida.

A veces alguien que ha salido de un episodio depresivo

recuerda esos momentos diciéndome que tenía «la mente en blanco»; y yo suelo corregir «la mente en negro». Con la oscuridad de una presencia ausente.

Si nos pudiéramos escabullir en los recovecos de su mente encontraríamos siempre un estímulo o una serie de estímulos que fueron demandando respuestas que esa persona no pudo realizar y que, con el paso del tiempo, condujeron a la parálisis y la angustia de la depresión.

—*¿Y es verdad que a veces no se nota?*

—Es verdad. A veces la gente muy racional desarrolla cierta habilidad para disimular. Es más, si le preguntas «¿estás triste?», dice que no lo está, y si le preguntas «¿te encuentras bien?», hasta puede llegar a responder con un «fenomenal». Aunque desde afuera una mirada entrenada puede ver que hay algo oculto y denso detrás de esa máscara. Muchas veces se trata de personas que durante años han vivido al servicio de un modelo que no es el elegido sino uno impuesto por su entorno, y que debieron para ello reprimir duramente sus emociones y desactivar sus reacciones más auténticas. Como comprenderás fácilmente, esto no es gratuito energéticamente hablando y termina si no se lo modifica a tiempo, en un estado de agotamiento tal, que puede acabar en una depresión. Sin embargo, el proceso puede gestarse escondido en una gran actividad eficiente. La persona sale, trabaja, se ríe, va, viene, se levanta temprano y hace demostraciones de tener una gran actividad. No aparenta estar deprimida, aunque hablando en la intimidad dice no estar disfrutando de sus logros ni de sus actividades. En psiquiatría se lo denomina una «depresión larvada» y se materializa en una vida a veces febril pero vacía de contenido. Es otra forma de defensa, otra manera de estar deprimido aunque aquí el que lo padece no se dé cuenta. En la consulta el paciente se entera de que está deprimido cuando el médico se lo dice. Muchas veces este diagnóstico es vivido con mucha sorpresa y hasta motiva una consulta con otro profesional para confirmar su veracidad.

—*¿Y no hay tristezas ocultas?*

—Hay tristezas que se ocultan, que se disimulan concientemente o que se actúan en forma paradojal, pero a diferencia de la depresión, la tristeza suele ser, por lo subjetivo y vivencial, de diagnóstico más fácil.

La tristeza incluye sensación de dolor interno, ganas de llorar, pena, sensación de pérdida. Aunque no sepas cuál es el motivo. Alguien que está triste, por ejemplo, siente la pena, tiene ganas de llorar, se siente dolido por lo que le pasa a él, por dentro y por fuera. La persona triste está hiperemotiva, tiene **aumentada** su sensibilidad, le pasan muchas cosas aunque todas le parezcan displacenteras, la persona que está deprimida en cambio tiene disminuida su capacidad de emocionarse, pareciera que no le pasa nada. Podrías decirle a un deprimido: «Pero, ¿no te da pena? Mira lo triste que está tu familia». Y él contestaría: «Ya...», o algún otro monosílabo, pero sería incapaz de entristecerse por lo que les pueda estar pasando a los otros (y no es porque se haya vuelto una mala persona, sino porque tiene desconectada la vía emotiva).

La depresión nos acerca mucho y al peligroso estado de la verdadera indiferencia. Alguien profundamente deprimido podría dejarse morir y que le dé exactamente igual.

—*¿Pero hay una salida, no?*

—Sí, claro. No te asustes. Hay salidas y muchas, aunque no siempre sean fáciles ni inmediatas. Recuerda aquella frase de Landrú que ya mencioné, sobre el callejón sin salida: hay que salir por donde se entró.

Es decir, hay que seguir el rastro vital que conduzca a entender cómo ese individuo transitó el mecanismo para pasar de la indecisión y la ansiedad —situación que, aparentemente, no tenía solución—, a la parálisis y la angustia, para luego pensar cómo ese estado le produjo tanto temor a actuar que lo llevó a la depresión. Hay que encontrar la manera de hacerlo regresar para que pueda retomar el camino y salir de ese lugar. Si uno pudiera conseguir que los pacientes deprimidos conecten con una revisión de la historia que los ha llevado a la parálisis, algunos por lo menos, empezarían a encontrar una solución.

—*¿Todas las depresiones son así, todas operan con estos mecanismos y podrían encontrar la salida por este rumbo?*

—No. No todas las depresiones tienen este origen. Hay otras depresiones más orgánicas que psicológicas. Se llaman «depresiones endógenas», y tienen más relación con la bioquímica, con los neurotransmisores y con sustancias químicas que con la historia personal del paciente (aunque sabemos que estos dos aspectos nunca están divorciados). Este tipo de pacientes puede necesitar además de una ayuda cognitiva o conductual que se le reponga a su metabolismo neuronal lo que le falta. Las depresiones endógenas y exógenas requieren hasta donde hoy sabemos tratamientos diferentes. Aparte de un buen diagnóstico, las primeras pueden llegar a necesitar tomar medicamentos por un tiempo. Muchas veces ese recurso, resistido por el paciente y por algunos terapeutas (como yo mismo), se constituye en un camino imprescindible para la curación.

Cuando la depresión es exógena (de afuera hacia adentro), las variables metabólicas pueden aparecer dentro de límites normales por mucho tiempo. Esto parecería dirigir nuestra atención a un trastorno más focalizado en el área psicológica o espiritual. Dentro de este grupo se encuentran además de las reacciones de defensa ya habladas, las depresiones «reactivas», en las cuales el trastorno afectivo es una respuesta a situaciones penosas objetivables en el entorno del paciente.

—*Me quedo con la sensación de que los límites entre estos conceptos son un tanto sutiles. ¿Es así?*

—Sí, y quien no los conoce en profundidad puede equivocarse. Es necesario tener mucho cuidado, dado que del diagnóstico puede depender a veces el tratamiento y de éste, el resultado final. Una tristeza muy profunda, sostenida durante un tiempo prolongado o mal elaborada (como la pérdida de un ser querido, una experiencia en extremo dramática), puede frecuentemente, por sobreestimulación, terminar en una depresión profunda.

Puede haber multitud de ejemplos, pero prefiero no entrar en ellos. Me basta que sepas que representan una posibilidad de agravamiento de la situación del esquema que estamos viendo.

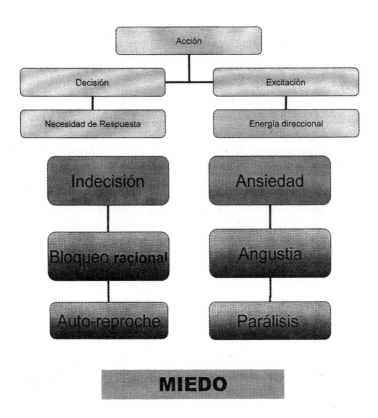

—Me quedo con una pregunta que me parece la más importante para mí. Si el miedo opera abriendo tantas puertas enfermizas y nos puede llevar a tantas consecuencias desagradables y peligrosas, pero por otra parte es una respuesta a veces normal y de defensa, ¿cómo deberíamos actuar si quisiéramos prevenir a nuestro ser de todas esas consecuencias?

—Si el esquema anterior sirve para algo es para contestar a esa pregunta. En él se puede ver claramente que el miedo es el otro extremo de la acción. Se podría decir que es exactamente lo opuesto. Y esto se puede confirmar no sólo porque el miedo, cuando aparece, no nos deja actuar, sino también y sobre todo porque al iniciar una acción, aunque no sea la mejor, ni la más efectiva, el miedo tiende a achicarse hasta desaparecer. Con esto quiero decir que el miedo se vence actuando y no hay otro camino.

—Se trata pues de hacer una elección entre actuar o quedarse con el miedo.

—Así es. Cuando finalmente nos decidimos a actuar, puede ser que nos asustemos ante la idea de lo que vamos a hacer, pero ya no vamos a tener miedo. Es imprescindible tomar una decisión para salirse del miedo. Si se logra transformar la indecisión, la parálisis, la ansiedad y la angustia en una decisión, esta decisión nos elevará hasta la acción y el miedo habrá naufragado en la excitación de hacer lo decidido.

—Pero a los inseguros nos queda el susto.

—Quizás haya susto, pero no importa, porque el susto pasa.

—O sea, que hay que ser valiente, ¿verdad?

—No sé si hay que ser valiente, hay que saber que ésta es la salida. Este ejemplo de mi propia vida es un buen ejemplo de lo que quiero decir. Una vez, durante un vuelo a Israel que hizo escala en Dakar, el avión en el que yo viajaba estuvo a punto de estrellarse. A partir de ese momento, empecé a sentir una creciente aprensión a los aviones. Durante cierto tiempo la idea de viajar en avión me conectaba con un miedo desbordante. Por mi trabajo y mi necesidad no estaba dispuesto a dejar de volar. Hoy, superada esa situación de entonces, puedo decir que en los últimos dos años me he subido en la friolera de 286 aviones y he disfrutado de volar en ellos.

—*¿Y cómo te curaste?*

—Me curó un amigo mío, que no es médico, ni psiquiatra, ni psicoanalista, pero que, en cambio, tiene un avión pequeñito. Lo que mi amigo Cristian hizo por mí, fue, nada más y nada menos, que llevarme a pasear en su avión y animarme a que aprendiera a conducirlo. Dicho así, tan brevemente, parece asombroso, pero así fue.

Nunca olvidaré mi primera clase. Despegamos de un pequeño aeropuerto en Argentina que se llama Tortuguitas en un avión de ocho plazas. Una vez en el aire, Cristian hizo que me sentara en el lugar del copiloto y me mostró todos los controles. En determinado momento, el piloto instructor me dijo: «Condúcelo tú». Y yo, emocionado por la situación y la excitación, decidí tomar el extraño volante y... ¡Lo hice! En tres meses aprendí lo básico para pilotar un avión pequeño y, cuando entendí lo que pasaba en un avión, cómo se conducía, qué recursos tenía, qué suponía girar a la derecha, qué girar a la izquierda, qué era una turbulencia, cómo era un pozo de aire, qué era peligroso y qué no lo era, el miedo desapareció. En un intento de explicarlo me digo que la parálisis de la impotencia en la que nos deja estar en un avión se transformó en excitación al hacer algo con la cuestión de volar. Después de aquella experiencia, cuando viajo en avión siento mucho placer, me parece encantador, divertido y me lo paso en grande. A todos aquellos que tienen miedo de viajar en avión una de las cosas que les recomiendo es que, si está en sus posibilidades, hagan un curso de piloto, aunque sea unas pocas clases.

—*A mí me ocurre... ¡Pero yo jamás me animaría a tomar clases de vuelo! No podría ni subirme a una de esas cáscaras de metal y hélices...*

—El miedo te paraliza y tu parálisis te lleva al miedo. Te aseguro que si tomaras la decisión y te acercaras a una escuela de vuelo, si te inscribieras para unas clases y las tomaras, tu miedo a los aviones, créeme, ¡desaparecería!

—*Igual se termina la vida de uno antes...Yo creo que, aunque lo hiciera, el temblor de las piernas y la taquicardia terminarían conmigo antes de que se cancelara el miedo...*

—No. Esa es una excusa de tu parte miedosa para que no te decidas.

—*¿Y si se me cura este miedo y aparece otro en su lugar?*

—Lamentablemente tiene mucho sentido esa pregunta, especialmente entre neuróticos, y todos nosotros lo somos un poco... Por lo menos tú y yo...

Los síntomas siempre se han gestado en relación con un hecho concreto que los justifica. Por ejemplo, si de pequeño aprendí a cerrar mi pecho para significar la sensación de ahogo que tenía ante la opresión que sentía en mi casa, es probable que en la actualidad, cuando me siento triste, aunque no haya nadie que me oprima, me provoque un ataque asmático. Puedo decir que la tristeza se somatiza en el asma, pero puedo decir también que mi cuerpo aprendió a expresar su fastidio y su displacer a través de mi espasmo bronquial. Se ha «resignificado» el síntoma, en este caso, el asma.

Es más fácil para el cuerpo utilizar un viejo síntoma para expresar algo distinto que fabricarse un síntoma nuevo, de la misma forma que es más sencillo el error de leer un fenómeno según parámetros conocidos que cambiar mis prejuicios.

Hay mucha gente que confunde la serenidad con la depresión y cuando está calmada, se cree paralizada; personas que viven constantemente ansiosas y angustiadas y que cuando se van de vacaciones, se relajan y decae su ritmo habitual. En ese momento empiezan a pensar que están deprimidos y a su regreso van a ver al médico para que les recete algo «que los levante un poco» porque se sienten sin energía.

En el otro extremo están los que no toleran sentir excitación y la confunden con ansiedad. Al sentir en su cuerpo esa sensación hermosa de tener ganas de que pase algo, en lugar de disfrutarla se acercan al armario donde guardan los medicamentos y se toman un tranquilizante... Y que conste que no tengo nada en contra de los ansiolíticos cuando están indicados, pero absolutamente sí en estos casos, porque una cosa es tomar una aspirina cuando me duele la cabeza y otra muy diferente tomar tres aspirinas por día por si acaso me llegara a doler la cabeza...

Puede que te resulte gracioso pero no lo es. Esto es dramático, terrible y hace daño; porque quienes lo hacen están frenando sus propios procesos de salud y de reparación.

—Yo *puedo entender a los que no soportan la calma, posiblemente porque me siento identificada, pero eso de no poder disfrutar de la excitación, me cuesta más. ¿Qué efecto le hacen los sedantes a alguien que actúa así?*

—Tomar dos o tres tranquilizantes al día, por si acaso me pongo ansioso, impide que yo pueda transformar mi normal necesidad de respuesta emocional en excitación y, por lo tanto, puede llegar a impedir crónicamente mi capacidad para que yo actúe saludablemente. Cuando la gente me pregunta si los ansiolíticos pueden producir depresión, yo digo que no, que no pueden producir depresión. Y me refiero a la medicación recetada y controlada por un profesional médico. Los sedantes tomados indiscriminadamente durante mucho tiempo pueden frenar la capacidad de movilizar las energías necesarias y condenar a todas las decisiones a que queden sin fuerza para ser actuadas, pudiendo terminar como dijimos en una depresión por inacción.

—*¿Qué ocurre con el miedo a la muerte? Porque ese miedo no lo puedes actuar...*

—En principio, el miedo a la muerte es el mejor ejemplo de cómo tememos a un producto de la imaginación. Uno no se asusta de la muerte, le tiene miedo. Parecería que el miedo a la muerte tiene que ver con lo desconocido, porque nadie se ha muerto antes de morirse; y sin embargo no es así. Lo que hace temer la muerte no es la muerte misma, sino lo que uno se imagina de la muerte. La pregunta sería: ¿Cómo se transforma esto en una acción que conjure el miedo?

—*Es un miedo universal.*

—Sí, un miedo arcaico. Pero deja que te conteste específicamente a tu pregunta. Si lo que yo digo es cierto, que los miedos se vencen con acción, en este caso, el del miedo por excelencia, también debería cumplirse la regla. Y se cumple.

Veamos. El único antídoto que hay para no tenerle miedo a la muerte es conectarse con la acción de estar vivo. El que tiene miedo a la muerte, en algún lugar o momento de su vida se desconectó tanto de la acción como para quedar fijado en ese miedo. Fíjate lo claro que es esto. ¿Qué es lo que nos da miedo de la muerte? Seguramente algo relacionado con la idea de lo que se deja pendiente, de lo que se va a dejar de disfrutar, de todo lo que no se hizo todavía, de todo lo que debería haberse hecho y no se hizo.

Desde este punto de vista es fácil entender entonces mi propuesta: la manera de resolver el miedo a la muerte es dejar de dar vueltas a las cosas y abandonar el lamento permanente con esto o aquello, en lugar de quedarse cavilando en todo lo que no se hizo. ¡Conectarse de una vez y para siempre con la acción y empezar a hacer! En el miedo a la muerte de un ser querido, ¿qué es lo que me da miedo? Me da miedo, seguramente, no tenerlo, no estar con él, etcétera. Pero, ¿por qué? Quizás por todo lo que no hice con él, por todo lo que no le di, por todo lo que postergué. Qué bueno sería que yo me ocupara en verdad de ver cuáles son las cosas que tengo pendientes con cada ser querido, qué cosas no estoy haciendo y quisiera hacer, y entonces deshacerme de esos miedos.

Por supuesto, nos asusta la idea de que no podríamos tolerar la vida en ausencia de ese ser querido, el hecho de no poder imaginar la idea de que el otro muera. Sin duda, la tristeza que produce la muerte de un ser querido es el sentimiento más terrible en el que se puede llegar a pensar. No hay nada que uno pudiera suponer como más triste. Y pensamos en nuestra propia muerte como vía de escape a semejante dolor. Estamos tan acostumbrados a tenerle miedo a la tristeza, estamos tan educados para asustarnos del dolor que, a veces, preferimos pensar en la muerte antes que en el sufrimiento de la tristeza. Lamentablemente, o quizás no tan lamentablemente, la vida de ninguno de nosotros es eterna y, por lo tanto, antes o después, todos vamos a abandonar a alguien o alguien nos va a abandonar a nosotros. Nos guste o no nos guste —afortunadamente, digo yo— somos finitos, tenemos un tiempo limitado.

Esta conciencia de finitud nos diferencia del resto de los seres vivos y es patrimonio, suponemos exclusivo, de los humanos. Es cierto que lo natural tiende al equilibrio y que la vida es desequilibrio, pero de eso a aceptar el instinto de muerte como búsqueda o deseo inconsciente, hay mucha distancia. Para mí es muy difícil de aceptar. Sin embargo, el hecho de que seamos efímeros —como decía el Principito sobre su rosa en el libro de Saint-Exupéry— es un hecho, y hay que aprender a vivir enfrentándonos a él, no hay otra posibilidad.

—*¡Eso suena muy bien dicho así!*

—Cada vez que percibas tu miedo a la muerte, sería bueno que te preguntaras qué es lo que todavía no has hecho, qué tienes miedo de dejar sin hacer... Y después de darte cuenta, inmediatamente después, lo mejor de todo sería que dejaras de perder el tiempo charlando con Bucay y hacer lo que tienes pendiente... Es una broma, pero de algún modo lo estoy diciendo en serio...

—*¿Me estás echando?*

—Sí. Por hoy sí.

—*Sólo una cosa más. ¿Cuáles son los miedos más frecuentes?*

—En cada uno de nosotros hay muchas cosas que dan miedo. Sin embargo, como bien lo enseña Susan Jeffers en su libro sobre los miedos, los diferentes temores son combinaciones entre sí de unas pocas situaciones.

Básicamente hay sólo tres miedos fundamentales. Miedos arcaicos, innatos, esenciales en todos nosotros.

—*Que nos ataquen, por ejemplo...*

—La respuesta frente al ataque o peligro de afuera es arcaica y primaria, pero genera susto, no necesariamente miedo, ¿recuerdas? De hecho, este ataque es el que da origen a una respuesta natural, instintiva, que es la respuesta básica de alerta de la que hablamos al principio. Estamos preparados para eso desde que nuestros ancestros eran animales unicelulares. Así que la respuesta al ataque no empieza como miedo, aunque te pueda asustar. Ese miedo es más sofisticado y empezará cuando yo tema al ataque antes de que éste llegue a producirse. ¿Y qué otras cosas?

—*La muerte, como decíamos antes.*

—El miedo a la muerte, que de alguna manera todos tenemos, no es un miedo tuyo, es un miedo universal, pero después veremos que es una combinación de miedos.

SOLEDAD

—Mira la palabra que he escrito: el miedo a la **soledad** es uno de los miedos básicos. ¿Cuál crees que es el segundo?

—*¿La pérdida del amor?*

—Bueno, ese es un matiz, una variante del miedo a la soledad. De algún modo es la misma cosa, forman parte de la misma familia. No son iguales, pero están ambos inspirados en ese miedo a quedarse solo. Podríamos tomar lo que dices pensándolo desde la idea de que si el otro deja de amarme no hay nada que yo pueda hacer. De este modo, ese miedo no es miedo a la soledad, es miedo a la *impotencia*, es el miedo a no poder hacer nada.

Así que el segundo gran miedo es a la **sensación de impotencia**. ¿Y el tercer miedo?

—¿?

—No es fácil de deducir pero es primordial para entender la conducta evitativa del neurótico, es el miedo a perder el manejo de las cosas, el temor al **descontrol**.

SOLEDAD
IMPOTENCIA
DESCONTROL

Un miedo a lo que implica cualquier descontrol, sea el mío o el de otro. MIEDO al descontrol en general.

Cuando me topé con esta idea por primera vez me puse a pensar que había algunos miedos que combinaban, sumándolos, algunos de estos tres miedos básicos.

—*¿Podrías darme un ejemplo de combinación de miedos?*

—Voy a tratar de mostrarte ejemplos de las tres combinaciones posibles. Si pensamos en el miedo que casi todos le tienen a la locura y nos ahondamos en ese temor, encontraremos que para la mayoría de las personas la posibilidad de que se le «vuele la olla», como se dice por aquí, sumaría el tener que enfrentarse con la soledad y con la pérdida absoluta de control sobre sus acciones. Y esto es porque imaginamos en la locura el descontrol y el abandono. Del mismo modo, la idea que tenemos de la muerte es la combinación en nuestras fantasías de tener que enfrentarnos a dos grandes situaciones temidas: la de absoluta soledad y la de infinita impotencia. La impotencia y la pérdida de control son las asociaciones que hacemos de la vejez. Nos imaginamos viejos, sin ningún poder y sin control alguno del mundo y eso, por supuesto, nos da miedo.

—*Si estas tres situaciones ya me parecen espantosas, me imagino lo que pasaría si alguna vez una persona se enfrenta en una situación que combine los tres miedos.*

—Yo diría que hay sólo dos situaciones que se aproximan a sumar los tres miedos básicos. Habrás escuchado por aquí y por allí que alguna gente dice no temerle a la muerte, el más popular y difundido de nuestros miedos, y a alguno de los que dicen esto yo les creo. Pero no hay nadie, que yo conozca, por lo menos, que no le tema a la decrepitud, al deterioro progresivo de nuestra fuerza vital por enfermedad física o psíquica. Y yo creo que eso se debe a que la idea de la decadencia física o mental evoca la combinación de nuestros tres temores arcaicos. En la decrepitud imaginamos y tememos la soledad, la impotencia y el descontrol.

—*La decrepitud, ¿implica la soledad?*

—Quizás no. Pero cuando nos imaginamos viejos, faltos de control absoluto de toda situación, enfermos, incapacitados para muchas cosas, sin poder para nada, sin capacidad de decidir nada o casi nada por uno mismo... Posiblemente asociemos con ello al abandono de muchos de los que hoy nos acompañan, aunque después quizás no resulte así.

—*Entiendo, pero también pienso que la vejez no necesariamente tiene por qué ser así.*

—No, claro que no. Por eso la vejez puede no asustarnos, y de hecho no lo haría si nuestro condicionamiento cultural no la asociara con impotencia y cancelación del poder de tomar decisiones. Quizás en la medida en que nos volvamos más sabios como sociedad aprendamos a esperar nuestra vejez sin miedos...

—*Pero también puede haber vejez con dignidad, y es una cosa diferente.*

—Totalmente.

—*Y a la inversa. ¡Se puede ser decrépito sin ser viejo!*

—Claro que sí. Es el caso de las enfermedades altamente discapacitantes o de deterioro progresivo y se les teme igualmente; aunque, en realidad, la decrepitud a la que más le tememos es la que viene con el paso de los años, quizás porque pensamos que la otra no nos ocurrirá.

—*Claro, es el consuelo de pensar que eso les pasa a otros...*

—Es verdad que nos consuela, pero reconozcamos que es un pensamiento un poco cruel... De todas maneras y cambiando de tono, no quiero que te vayas hoy con la idea de que la vejez forzosamente conlleva decrepitud. Que quede claro. Estoy convencido de que el deterioro depende en gran medida de la calidad de la vida vivida. Déjame que te cuente una historia, que me contó alguna vez un amigo en la Ciudad de Córdoba en Argentina.

—*Desde la vez pasada que no me cuentas un cuento...*

—Bien, aquí va...

Había una vez un pueblecito que tenía fama de ser un lugar de aires muy puros y aguas curativas. Un día empezó a circular la noticia de que allí vivían varios viejecitos de más de cien años. Una cadena de televisión de la capital del país envía a un grupo de reporteros para hacer un reportaje sobre el tema de la salud y la calidad de vida. En primer lugar, los periodistas van a visitar a Don Eustaquio, y lo encuentran encima de un naranjo cosechando fruta.

—Abuelo —dice el periodista—, ¿podemos charlar unos minutos?

—Sí, hijito.

—¿Cómo es su vida, abuelo?

—Bueno, verás hijo, yo siempre he vivido en el campo. Me levanto con el sol y me acuesto cuando empieza a anochecer. Como aquello que yo mismo produzco y agradezco al Señor todo lo que me da.

—¿Y qué edad tiene, abuelo?

—Tengo 98 años.

—¡Qué increíble, abuelo! ¡Debe usted ser la persona de más edad del pueblo!

—No, ¡qué va! Cuando yo era pequeño, el viejo Pancracio ya labraba las tierras de mi abuelo y aún sigue vivo.

—¡No me diga! ¿Y dónde vive?

—Aquí mismo, al bajar la cuesta.

Los periodistas le dan las gracias y comienzan a descender la cuesta hasta llegar a una casita humilde que está a orillas del río. Sentado en la puerta de su casa está Don Pancracio, bebiendo agua de un botijo, arrugado como un pergamino pero entero y lúcido.

—Buenos días nos dé Dios, Don Pancracio.

—Buenos sean —contesta el viejo.

—¿Cómo está, abuelo?

—No me quejo, muchacho.

—¿Cómo ha vivido su vida?

—Ah, yo siempre he trabajado mucho. Por consejo de mi madre nunca he comido nada que no creciera de la tierra. Nunca probé un medicamento ni visité un médico. No fumo, no bebo y nunca fui muy de salir de juerga. Me gusta la vida y la disfruto.

—¿Qué edad tiene, abuelo?

—Tengo 115 años.

—¡115! Usted sí que debe ser el más viejo de la zona...

—No lo sé, hace unos años vino a vivir cerca del pueblo un hombre que parece ser más viejo que yo todavía.

—No me lo puedo creer... ¿Y dónde podemos encontrar a ese hombre para entrevistarlo?

—Camino del pueblo hay una venta, seguramente podrán encontrarlo ahí a esta hora. Se llama Luis.

—Gracias por la información, abuelo.

Presa del asombro, los periodistas llegan a la venta. En una mesa situada en un rincón, casi sin poder mantenerse en pie, ven a un viejecito arrugado y tembloroso bebiendo una copa que desde lejos aparenta ser aguardiente. Sus dedos están manchados de amarillo por la nicotina y está fumando un puro.

—Don Luis... ¿Usted es Don Luis?

—¿Eh...? —dice el hombre, que casi no ve—. Sí, yo soy.

—¿Podemos charlar un rato con usted?

—Si pagan las copas... —dice Don Luis.

—Camarero, tráigale a Don Luis lo que bebe siempre. Díganos, Don Luis, ¿no tiene miedo de que el alcohol le haga daño?

—No... Yo he bebido durante toda mi vida y nunca me ha sentado mal.

—¿Cómo vivió su vida, Don Luis?

—Ahh... Yo lo he pasado fenomenal. He bebido cuanto he querido, he fumado y he comido todo cuanto me ha apetecido. Nunca en mi vida he trabajado y jamás me he acostado antes de las cinco de la madrugada...

—No me diga...

—Y claro, joven. A esas horas es cuando el ambiente se pone realmente bien en los bares de chicas de la ciudad y si uno quiere ligar con las más guapas tiene que esperar que terminen su jornada con los clientes que pagan.

—Qué barbaridad. ¿Y a qué hora se levanta, abuelo?

—A las dos o las tres de la tarde, si no hay prevista una partida de naipes...

—¿También le gusta el juego?

—¡¡¡Ppfffff!!!

—La verdad, abuelo, usted es lo mejor que nos ha pasado en el día de hoy. ¿Qué edad tiene, abuelo?

—¡34!

Sólo es un chiste, aunque quizás te obligue a recordar lo que quiero decir... Buscar la calidad de vida es, de algún modo, un desafío de todos; pero esa calidad trasciende el mero presente instantáneo. La medicina se está ocupando de esto pero cada uno de nosotros debería ocuparse un poco de lo mismo, para sí y para mejorar las condiciones de vida de los otros seres humanos; aquellos con los que convivimos y aquellos que nos seguirán.

Yo estudié medicina, y los médicos estamos muy relacionados con la biología. Leyendo a Droescher, aprendí que todos los seres vivos, no sólo los seres humanos, estamos sometidos a una regla que es inalterable: un ser vivo siempre está creciendo o envejeciendo. La vida vista desde el punto de la biología es una serie de procesos para desarrollar una condición, una capacidad o un crecimiento en más, o un proceso de involución, decrecimiento o deterioro. Todos los seres vivos están evolucionando o involucionando, creciendo o envejeciendo y no hay otra posibilidad.

Partiendo de este razonamiento, podemos decir que cuando en un ser vivo se detiene el crecimiento empieza el envejecimiento. Y si esto es así en todos los seres vivos, ocurre igual en el ser humano, nos está pasando a nosotros.

—*Me parece que estoy empezando a sentir una «depresión reactiva»... Como me enseñaste que se llama...*

—No es para tanto. Es verdad que nuestro cuerpo empieza a envejecer a los 25 o 26 años, nos demos cuenta en ese momento o lo percibamos más adelante, en algún momento lo empezamos a notar; pero no pasa lo mismo con nuestro intelecto, con nuestras emociones, con nuestro espíritu. ¿Por qué? Porque en ellos el límite de crecimiento no existe.

—*¿Cómo que no tiene un límite?*

—Nosotros podemos crecer a nivel psicológico, a nivel espiritual, a nivel psíquico, a nivel intelectual indefinidamente. No hay ningún límite.

—*Pero hay gente que se va deteriorando.*

—Lo que se puede deteriorar es tu capacidad neuronal. Es decir, puede ser que haya neuronas que dejen de funcionar y, sin embargo, tu capacidad psíquica puede seguir creciendo.

—*Conozco el caso de un chico que empezó a deteriorarse «irreversiblemente» y tenía 22 años.*

—Si te refieres a enfermedades o a procesos patológicos orgánicos, lo puedo entender, todos podemos entender esos casos... Pero yo no me refiero a eso, me refiero al crecimiento o al envejecimiento de nosotros, los que todavía no nos encontramos con los limitantes de ninguna enfermedad grave.

Me divierte cuando alguien que me escucha busca en su mente los ejemplos más extremos para tratar de demostrar que el razonamiento puede estar equivocado. Hace poco, en una conferencia, hablaba de la importancia de la similitud en la diferencia y dije al pasar que había parecidos detectables en animales tan diferentes como una hormiga y un elefante. Alguien desde la segunda fila dijo en voz alta: «Es verdad que se parecen, por ejemplo en que ninguno de los dos puede subir a los árboles». La persona que estaba sentada detrás repuso: «La hormiga sí puede». Y la que había dado el primer ejemplo añadió riendo: «Pero a la hormiga de la que yo hablo le faltan las patas»...

—*¡Pero eso era una broma y volverse vieja es algo serio!*

—Entre nosotros, yo creo que no envejecer depende hasta cierto punto de uno. Mientras nos demos cuenta de que la clave está en seguir creciendo, podremos retrasar el envejecimiento. Cuando alguien piensa: «Bueno, basta ya, está bien con esto y ya es suficiente; no me interesa crecer más, para qué quiero saber más, para qué quiero escuchar más», es que ha perdido el tren. Ahí empieza el verdadero proceso de envejecimiento. Cuando dejas de crecer comienza el envejecimiento. La *llave* de la juventud es el crecimiento, seguir creciendo eternamente, buscar nuevas cosas, investigar, tener proyectos, planes, deseos.

Por eso, volviendo ahora al tristísimo caso del chico de 22 años que tú mencionaste, debo decirte: ojalá nunca sucediera, pero está claro que pasa y que puede volver a pasarle a otra persona. Lejos estoy de no dolerme de esos casos, pero ahora hablo de nosotros, de los que podemos elegir, de los que con el privilegio infinito que representa no estar en esa situación vivimos distraídos descuidando nuestro camino hacia seguir creciendo.

—*Sí, es verdad, porque también se puede tomar el ejemplo de Picasso, que a los ochenta años pintaba como un joven de veinte. Ahí se ve que no estaba envejeciendo, seguía investigando y haciendo cosas nuevas, de lo contrario, como tú dices, quizás su pintura se hubiera estancado o hubiera decrecido. Dicen que eso, en general, ocurre con aquellos que se dedican a la creación.*

—Esta búsqueda continua de crecimiento no tiene por qué estar únicamente relacionada con uno mismo. Este crecimiento «rejuvenecedor» se halla también y, quizás especialmente, en el aporte que haga para ayudar a otros a que pueden aprender. Cuando damos también podemos crecer, y no sólo cuando recibimos. Poder transmitir las pocas cosas que uno ha aprendido, también tiene que ver con el crecimiento.

Hay un viejísimo cuento que ilustra muy bien esta idea.

Había una vez, hace cientos de años, en una ciudad de Oriente, un hombre que cierta noche iba caminando por las oscuras calles llevando una lámpara de aceite encendida. La ciudad era muy oscura en las noches sin luna como aquella. En determinado momento, se encuentra con un amigo. El amigo lo mira y súbitamente lo reconoce. Se da cuenta de que es Guno, el ciego del pueblo. Entonces le dice:

—¿Qué estás haciendo Guno, tú que eres ciego, con una lámpara en la mano? Si tú no ves...

Entonces, el ciego le responde:

—No estoy llevando la lámpara para ver mi camino. Yo conozco la oscuridad de las calles de memoria. Llevo la luz para que otros encuentren su camino al verme a mí.

No sólo es importante la luz que me es útil a mí, sino también la que yo utilizo para que otros puedan también servirse de ella. Cada uno de nosotros puede alumbrar el camino para uno mismo y para que sea visto por otros, aunque uno aparentemente no necesite hacerlo.

—*Ah, ahora creo haber entendido lo que me dices: no sólo hay que vivir creciendo uno mismo, sino haciendo crecer a otros...*

—Permite que te corrija, el término adecuado es: ayudando.

—*Ayudando a crecer a otros. Pero no puedo ayudar a crecer a otros si yo no sigo creciendo. Si yo me detengo, no puedo...*

—Si tú estás ayudando a crecer a otros, entonces estás creciendo.

—*Pero eso será así en la medida en que yo me nutra también del crecimiento de los otros.*

—No sé, quizás sea como tú lo dices, pero me causa cierta inquietud dejar la cuestión ahí y que alguien pueda creer que la nutrición procede de la pobre satisfacción que ofrece la vanidad de haber colaborado con el crecimiento de otro. La idea, en todo caso, es que, para que la luz mía pueda servirle a otros, tengo que creer que ese minúsculo aporte puede ser importante. Si no, no será útil. Pero tampoco lo será si lo uso para mi fastuoso y pedante alardeo de que «... todo eso que el otro aprendió fue gracias a mí».

A mí me ocurre, con frecuencia, que siento la sola sensación de ser el privilegiado portador de alguna luz, aunque sea pequeña y poco luminosa, y eso mismo me empuja a saber cada vez más de mí. Decididamente para mí, el crecimiento sucede siempre.

—*Entiendo. Conozco una persona que fue docente y está jubilada ahora. Y suele decir que cuando se jubiló precisamente se dio cuenta de todo lo que aprendía cuando enseñaba.*

—¡¡Muy bien!! ¡¡Ésa es la idea!!

—*Pero antes dijiste que había dos situaciones en las que se combinaban los tres miedos y hasta ahora sólo hablamos de una de ellas: la decrepitud. ¿Cuál es la otra?*

—La otra es el exilio. En la antigüedad, cuando la pena de muerte parecía una condena insuficiente para castigar a un criminal, se lo desterraba. El destierro era peor castigo que la muerte. Digo esto y pienso que muchos de nosotros somos hijos o tenemos en la familia personas que han emigrado... ¡Qué valentía! ¿No?

Una sola cosa más para que pienses e investigues: el único antídoto universal contra el miedo es la acción y, por lo tanto, cada vez que tengo un miedo, debo saber que tengo que actuar; buscar la acción es lo que me puede sacar del miedo. Recuerda, siempre que hay miedo es que hay algo que no estoy haciendo, algo que no me estoy atreviendo a hacer, algo que no estoy queriendo saber o no estoy pudiendo decidir. Muchas veces, el miedo encubre tanto la acción que uno siente que no puede actuar. El psicoanálisis demuestra que detrás de algunos miedos hay otros miedos. Como en algunas fobias. Un desplazamiento del verdadero temor que condiciona una conducta evitativa.

—*No entiendo...*

—Te doy solamente un ejemplo burdo: alguien siente que le tiene miedo a los caballos pero, en realidad, desde el punto de vista dinámico, ese miedo encubre el primitivo miedo generado por la imagen de su padre. En este caso, una acción dirigida exclusivamente a los caballos no resolvería el miedo, en todo caso lo sacaría de los caballos y lo pondría en otro sitio. Una solución definitiva no puede excluir enfrentarse a revisar su relación con su padre.

Quiero decir que en algunos casos transformar el miedo en acción es un proceso más complejo, pero siempre vale la pena. Digo siempre que el miedo es un dragón que tiene en la espalda un escudo blindado impenetrable. Al miedo se lo vence de frente.

—*Y muchas veces con la ayuda de alguien...*

—Sí. A veces hace falta ayuda profesional si a eso te refieres. Pero el intento de buscar en el afuera algo o alguien que te dé coraje, puede terminar mal. En la jerga psi llamamos a esto la búsqueda de «el acompañante contra-fóbico». Equivale a creer que uno no puede hacer determinada cosa pero sentir que, por ejemplo, si está con Menganito, con él sí puede hacerla. Se trata de otra herramienta para vencer el miedo. Si bien es absolutamente cierto que esta herramienta puede y debe ser utilizada en determinadas circunstancias, es importante trabajar con uno mismo para conseguir ser el mejor acompañante contra fóbico de sí mismo.

Como ya es hora de hacer las compras porque me cerrará el mercadillo, te dejo un cuento y un comentario final.

Dicen que había una vez una madre que tenía un único hijo. Ella era tan temerosa que vivía angustiada pensando que no podría seguir viviendo si a su hijito le pasara algo. Tan asustada estaba de sus fantasías que un día que el hijo fue hasta la puerta de la calle solo, la madre le dijo que volviera a entrar. Luego le pidió que se sentara en el tresillo del salón principal de la casa y le dijo:

—Mira hijo, hay unos espíritus malignos que van vagando por la calle y se llevan a los niños que están sin su madre. Así que nunca, nunca salgas a la calle sin mí. ¿Has entendido?

—Sí, mami —contestó el chico asustado.

El plan resultó y el niño nunca más salió a la calle sin su madre. Pero un día, cuando cumplió trece años, la madre comenzó a pensar que se había equivocado. Algún día ella no estaría y su hijo tenía que poder arreglarse solo en el mundo exterior. De modo que fue a ver al médico de la familia para preguntarle qué hacer. El médico dijo que sólo había una solución: decirle al joven la verdad. La madre le dijo que eso equivaldría a admitir ante el hijo que su propia madre le había mentido. El médico insistió en que era el único camino y la madre se marchó a su casa. Yendo hacia allí tuvo otra idea. Al llegar, otra vez convocó a su hijo y se sentaron a hablar en el salón.

—¿Sabes, hijo? Tú ya eres mayor y es obvio que alguna vez te irás de esta casa en busca de tu camino.

—No madre. Me iré si vienes conmigo. Te recuerdo que afuera están los espíritus malignos que me llevarían si no estuviera contigo.

—De eso te quería hablar. Los espíritus jamás te llevarán mientras tengas colgada al cuello esta medalla que ahora te regalo —dijo la madre quitándose la medalla que colgaba de su propio cuello y poniéndosela a su hijo—. A partir de ahora quiero que sepas que podrás salir sin mí, porque mi protección te llegará a través de mi medalla.

—Pero, mami, ¿y si los espíritus no ven que llevo la medalla?

—No te preocupes. Tu madre nunca te mentiría. Tienes que confiar en lo que te digo: mientras tengas la medalla, ningún espíritu se acercará a hacerte daño. ¿Entiendes?

—Sí, mamá...

El joven creyó en su madre.

Dicen que de todas maneras, cuando su madre ya no estuvo para acompañarlo, el muchacho nunca salió de su casa porque siempre tuvo miedo de perder la medalla...

La reflexión es una idea poderosa que le da título a un libro de la mencionada Susan Jeffers:[*]

SI TIENES MIEDO, HAZLO IGUALMENTE.

[*] Jeffers, Susan, *Aunque tenga miedo, hágalo igual,* Robinbook, Barcelona, 1994.

TERCERA PARTE

CULPA

—¿Podemos hablar hoy de la culpa?

—Podemos, pero para hablar de un tema tan vinculado a la psicología se requieren antes algunas definiciones de la psicología misma. Esta palabra, psicología, es, según dicen, una de las diez palabras más utilizadas en los últimos cien años, y define en una primera acepción muy general a la ciencia que estudia la conducta (definiendo como conducta toda forma en que un ser vivo responde ante a un estímulo determinado).

Cuando te explicaba la génesis del miedo (es decir su origen y mecanismos) hablábamos de un esquema Estímulo-Respuesta y dividimos los caminos en dos direcciones, hacia arriba hacia la superación personal y la acción, y hacia abajo hacia el miedo, la parálisis o la depresión. Hoy quisiera agregar algunos datos a ese esquema, antes de entrar en el tema de la culpa.

Un estímulo que nos hace reaccionar siempre puede ser real, imaginario, físico, afectivo, intelectual, importante o no; y de todas maneras inducirá a una respuesta. Y así como variable es el estímulo también lo es el tipo de respuesta: una reacción de acercamiento, un sentimiento, un pensamiento, una huida, una modificación anímica, una acción espectacular, o un movimiento imperceptible...

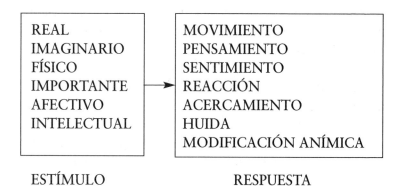

REAL	MOVIMIENTO
IMAGINARIO	PENSAMIENTO
FÍSICO	SENTIMIENTO
IMPORTANTE	REACCIÓN
AFECTIVO	ACERCAMIENTO
INTELECTUAL	HUIDA
	MODIFICACIÓN ANÍMICA

ESTÍMULO   RESPUESTA

Para la psicología, *cualquier* tipo de respuesta que alguien tenga ante a un estímulo *es* una conducta, aunque la respuesta sea la falta de respuesta. Quizás porque son ellas las que constituyen el objeto de su estudio. No sólo con el fin de predecirlas, sino también con el de explicarlas, desarrollarlas y, de una manera más o menos ficticia, ser capaz de reproducirlas para ver qué hay detrás de cada una de ellas.

Algunas conductas son lineales. Me refiero a emociones y sentimientos cuyo desarrollo se puede seguir paso a paso, fácilmente. Por ejemplo: un coche está a punto de atropellarme al cruzar la calle, yo lo veo venir y salto hacia atrás para salvarme (sin ser un automatismo) o levanto el puño e insulto al conductor (sin ser tampoco un automatismo); o un bebé en brazos de la madre me sonríe, me enternezco y le hablo en media lengua, remedando a los niños pequeños. En estas respuestas existe cierta línea directriz que se puede comprender utilizando la lógica formal (aunque no justifique el insulto o me pueda parecer una tontería hablar en media lengua). Pero hay otras conductas mucho más complejas; tanto que cuando uno las investiga, a poco de revisarlas y estudiarlas, se encuentra con algo raro, algo que no funciona, algo —a veces— irracional.

Una de estas emociones complejas que exceden el análisis lineal y hasta parecen irracionales es el miedo y otra es el sentimiento de culpa.

La culpa es una emoción «globalizada». Algunos más, otros menos, todos hemos registrado y registramos en nuestro interior esa emoción. La pregunta por la que quiero empezar es para ti, porque sabemos que entre los sentimientos placenteros y los displacenteros, la culpa pertenece a los displacenteros. ¿Pero qué se siente al sentirse culpable?

—*Supongo que es el resultado de confirmar que uno no es tan perfecto, que a veces mete la pata. Sentir culpa es una manera de reconocerlo.*

—Muy bien. Entonces yo te pregunto: ¿Cada vez que uno se da cuenta de que cometió un error se siente culpable? ¿Siempre que uno se equivoca se siente culpable?

—*¡No! Tampoco es eso... Ahora se me ocurre que a veces, al comprobar que uno está bien, se siente mal ante quienes pasan por un mal estado anímico, una mala situación. Qué sé yo, mil situaciones...*

—Es verdad. Miles de situaciones. Puede haber culpa sin error y quizás también error sin culpa.

—*Pero eso es solamente si eres una mala persona...*

—Ya veremos. Si tomo todo aquello que has ido diciendo hay, aparentemente, más de una situación en la que uno se siente culpable; no siempre ante una connotación de perfección u omnipotencia. Es verdad, aunque seguramente no es toda la verdad que uno se puede sentir culpable cuando sabe que cometió un error, pero también parece que uno puede sentirse igual aunque no haya hecho nada.

—*Cuando cree que lo ha hecho... Me acuerdo de una película...*

—Hay muchas películas con ese tema. ¿Pasará también en la vida real?

—*Estoy segura que sí. Tengo que ir a visitar a un amigo*

que está ingresado, no voy, mi amigo se agrava y yo me sien-
to culpable...

—Es un muy buen ejemplo. La cuestión es que si yo «ten-go que hacer algo» y a veces decido, responsablemente, no hacerlo, seguramente me sienta culpable.

—*Hay personas que dicen que la culpa no existe. Están locos, cómo que no existe...*

—A mí me parece muy interesante que tomemos en cuenta que hay una persona, por lo menos una, que cree que la culpa no existe. Aunque sospecho que lo que esa persona sostiene, en realidad, es que ella no siente culpa. Se puede angustiar, puede sentir otras cosas, pero culpa, no. Me desvío un poco pero siempre me sorprende presenciar a la mano, una de las causas de sufrimiento y de desencuentro más común entre las personas: la dificultad para aceptar que mi idea puede no ser la Verdad. Es casi gracioso escuchar que, por ejemplo, algunos de los que no se sienten culpables no dicen «yo no siento cul-pa», sino que dicen en su lugar «la culpa no existe» o «sólo existe la responsabilidad» (y tendrían que agregar «que es lo que yo sí siento»). Otra persona que se siente angustiada por su sentimiento de culpa dice «lo que ese alguien siente es cul-pa y no angustia». Para hablar de conductas, de psicología o de relaciones interpersonales es imprescindible que seamos capaces de aprender a contemplar la postura del otro con cier-ta aceptación de nuestras diferencias.

Voy a contarte algo que quizás no tiene que ver con la culpa, sino con las limitaciones que por fuerza tenemos a la hora de evaluar la conducta de otros. Se trata de un viejo cuento Zen:

Un monje Zen caminaba en cierta ocasión con un discípulo por la orilla de un pequeño río. En cierto momento el maes-tro señala:

—Mira los peces en el agua. Fíjate como disfrutan relaja-dos de la libertad y de la frescura del agua.

Hacía mucho tiempo que el discípulo seguía a su maestro y por primera vez se atrevió a señalarle un error.

—Maestro —le dijo—, tú no eres pez. ¿Cómo puedes saber si disfrutan o si están relajados?

El maestro lo miró y le dijo:

—Tú no eres Yo, ¿cómo puedes saber si yo sé o no sé si los peces disfrutan?

—Pero volvamos al tema de la culpa. Fíjate que hay algo que comparten todos los ejemplos que uno pueda dar de personas que se sienten culpables. Siempre hay en su relato un otro ante el cual alguien se siente culpable. Es verdad que hay algunas culpas internas y personales pero, por lo general, las culpas involucran a otro.

—*Pero dices que están dirigidas a alguien o se descargan en alguien...*

—Descargadas, dirigidas, inspiradas, producidas... ¡Como lo quieras decir! Pero siempre debe haber otro ante quien sentirse culpable.

—*Pero la culpa es una vivencia interna.*

—Seguro...

—*No entiendo...*

—Quiero que me acompañes a buscar en la definición clásica, antes de seguir adelante. En primer lugar tenemos que establecer la diferencia entre dos términos que hemos citado antes: culpa y responsabilidad. Quizás si esto llegara a escucharlo alguien que ha estudiado derecho, podría decirme que estoy utilizando mal los términos. Espero que no, para poder equivocarme impunemente en el ejemplo que daré ahora sobre estas dos palabras.

Alguien me enseñó que, en términos jurídicos, hay una diferencia entre lo que es culpa y lo que es dolo. Para la ley, «Culpable», en principio, es cualquiera que comete un delito que perjudica a otro. «El dolo», en cambio, aparece cuando el acto es intencional, es decir, cuando el culpable ha querido perjudicarte y lo ha conseguido. Esto siempre es un delito, y por supuesto, supone un agravante de la responsabilidad legal.

Pero en psicología, estos términos no son equivalentes. Para mí tú eres culpable de algo cuando, habiendo podido evitar un daño, no lo evitas y el daño se produce de todas formas. En todos los otros casos serás responsable, pero no culpable.

Para nosotros, la responsabilidad sobre nuestros actos no incluye la discusión sobre si pude o no evitarlo, aunque la culpa sí es diferente.

Pongamos un ejemplo. Paso cerca de una persona y le doy un pisotón.

Si yo le diera un pisotón a sabiendas, con fuerza, con toda la intención, sería sin duda alguna culpable de haberla pisado.

Pero si yo la pisara sin querer, porque algo me distrajo en ese momento o porque estaba a punto de caerme, no sería ya culpable del pisotón, aunque seguiría siendo el responsable de haberla pisado.

La culpa es un concepto mayor que el de responsabilidad, por lo menos en términos culturales. Ese plus que tiene la culpa reside en la idea de que uno podría haber hecho otra cosa y, sin embargo, hizo justamente eso que, agrego, involucra el daño a alguien.

—¿Y si no lo *pude evitar?*

—Lo aclaro una vez más: si sincera y objetivamente no puedo evitarlo, entonces no debería haber culpa, aunque se mantenga intacta la responsabilidad.

En un esquema simplificado sería así:

Muy bien. Estoy yo, está mi actitud y está el otro. Pero para que haya culpa, algo tiene que suceder con ese otro. ¿Qué le pasó al otro a partir de lo que yo hice?

—*El otro tuvo que fastidiarse.*

—Claro, algo doloroso pasó con el otro. Ahora comenzamos a tener en claro por qué tiene que haber más de una persona. En este primer esquema, alguien tiene que salir dañado de todo esto. Y entonces yo veo a ese otro dañado por mí, siento que podría haberlo evitado, y... ¿Qué hago conmigo?

—*Me siento culpable.*

—Sí, claro, pero lo que te pregunto es: ¿Qué hago conmigo por saberme culpable del dolor del prójimo?

—*Bueno, puede que me enfade, me haga responsable, me haga daño a mí misma, me juzgue y me condene, me acuse...*

—¡Alto ahí! ¡Eso! ¡Muy bien! Me acuso, me juzgo y me encuentro culpable de haber dañado a otro.

Mira ahora cómo nos queda el esquema anterior:

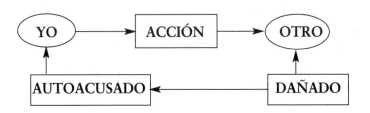

La culpa es ese sentimiento displacentero de autoacusación, el dedo con el que me apunto porque hay otro que padece a partir de algo que yo estoy haciendo, hice o dejé de hacer.

—*Pero puede existir esa sensación en tu interior sin que el otro sienta que lo estés dañando.*

—¡Muy bien! Para poder avanzar en esa dirección, detengámonos una vez más en lo que tenemos hasta ahora.

Alguien es dañado por una actitud cuya responsabilidad me corresponde. Yo me entero de esta situación y, en consecuencia, mi actitud interna es acusarme y condenarme, sentirme culpable; es decir, sentir el displacer de que otro sufra a partir de un acto mío equivocado, desacertado o inadecuado. Pero como tú dices, puede ocurrir que el otro no sienta el daño. Entonces aparece una pregunta independiente de nuestro esquema; a veces el otro me dice: «Oye, con este acto tuyo me hiciste daño». Pero a veces puede suceder que el otro no me diga nada. ¿Cómo sé yo que el otro sufre? ¿Cómo puede ser que yo me sienta culpable si el otro no me dice nada? Recuerda que en este esquema hace falta un daño para que me acuse.

—*Cuando pienso que pudo pasarme a mí lo mismo, me identifico con el otro e imagino lo que debe estar sintiendo.*

—Vamos a ver exactamente lo que significa *identificación*, porque has dicho algo muy interesante. A grandes rasgos, identificarse es sentir que el otro y yo somos idénticos; es lo que vulgarmente llamamos «ponerse en el lugar del otro».

—*Pero, realmente, ¿somos idénticos?*

—No, no. No es que seamos idénticos. Digo que de ahí procede la palabra. Identificarme con alguien es imaginarme qué debe estar sintiendo el otro, partiendo de lo que yo, en su lugar, sentiría.

—*Yo intento muchas veces ese ejercicio: ponerme en el lugar del otro.*

—Todas las culturas, las grandes religiones y la mayoría de las enseñanzas morales de la historia, tienen como base fundamental el lema: «No le hagas a otro lo que no te gusta que te hagan a ti». Y hay veces en las que yo no sé lo que le pasa al otro, pero lo cierto es que no *necesito* saberlo. Simplemente, me basta con identificarme con el lugar del otro y pensar qué sentiría yo si me hicieran lo mismo.

—O *qué sentiría yo si él me hiciera eso.*

—Para que se entienda y te quede muy claro, todo sucede como si yo pudiera salirme de mí mismo y lo hiciera, poniéndome a observar desde afuera mi propia actitud, supuestamente dañina para el otro. Y aún cuando yo crea que él jamás me lo haría, aún cuando yo piense que el otro jamás se daría cuenta de que fui yo, aunque para el otro no fuera dañina mi actitud, al ponerme en su lugar, al identificarme con su dolor, sigue apareciendo la culpa.

Vemos entonces cómo el concepto de culpa se empieza a hacer más complejo. Un sentimiento que me ocasiono ante un sufrimiento que en realidad yo *imagino* que el otro tiene, o bien que yo sentiría si estuviera en esa situación.

—*Pero en ese caso ese malestar del otro puede ser un hecho puramente imaginario...*

—Así es. Y por eso, la culpa no es siempre el resultado de algo que el otro *realmente* dice. Somos capaces de sentirnos culpables desde bastante antes de que el otro nos acuse. ¿Está claro hasta el momento?

—*Sí. Todos los días leemos en el periódico noticias escalofriantes. Los asesinos, los delincuentes y los criminales parece que no se sienten culpables.*

—No vayas tan lejos por ahora. Eso es otra cosa. Lo que yo digo es que puedo ver a otro que sufre, puedo sentir pena de que ese otro sufra y no necesariamente sentirme culpable. Por ejemplo, y ya que lo has citado antes: si abro el periódico y veo algo relativo al sufrimiento de los niños de Afganistán, voy a sentir una pena terrible; veo a niños pasando hambre y sufriendo violencia y me siento muy mal, pero no sé si me siento culpable.

—*Porque no eres tú quien ha provocado esa situación, pero... ¿Y cuando la provocas?*

—Cuando la provocas sucede algo muy interesante, por cierto: eres responsable...

—*O cuando crees que la provocas...*

—Cuando tú la provocas o crees que la provocas, te sientes responsable, muy bien. ¿Y qué sucede entonces? ¿Qué es lo que hace que yo me sienta culpable? ¿Con qué aspecto del otro me identifico más? ¿Qué es lo que uno piensa que está sintiendo el otro?

—*Que tú eres responsable de lo que le pasa...*

—Y que lo podrías haber evitado... Para que mi sensación de responsabilidad se transforme en culpa no es suficiente ni imprescindible que haya una acción mía que dañe a otro; debe haber además una supuesta acusación. ¿Lo entiendes?

—*Respecto de los niños en países en guerra yo puedo llegar a sentir culpa.*

—Sí, claro, es muy válido lo que dices, eso ocurre. Pero no necesariamente un sentimiento de pena frente al sufrimiento ajeno tiene que generar culpa; puede generar también ganas de ayudar o de hacer algo sin necesidad de que te sientas culpable.

—*Me generaría culpa si pensara que haciendo algo concreto podría yo solucionar el problema de Afganistán y no lo hiciera.*

—Eso es. Entonces no pasa solamente por la identificación con el sufrimiento del otro, sino con la posible acusación del otro, aunque esta acusación nunca llegara. Es decir, al sentirnos culpables nos identificamos con la utópica acusación que aquel que sufre, aunque ese no la haga nunca. Desde adentro en este ejemplo, nosotros mismos nos decimos: «Tú también tienes la culpa porque, ¿qué fue lo que hiciste cuando te enteraste de lo que ocurría?»

—*¿Puede alguien sentirse culpable consigo mismo?*

—Ya verás que sí.

—*Permíteme a mí hacer lo que siempre haces tú. Redondear el esquema de la culpa. Frente a una acusación de otro, real o imaginaria, me siento de acuerdo con su reclamo y me acuso respecto de mi actitud.*

—Atención, yo tengo que identificarme con esa acusación, yo tengo que avalar la recriminación, tengo que coincidir con la exigencia. Es decir: cuando me siento culpable, yo imagino que hay un cargo justo que el otro me puede hacer.

—*Te voy a hacer una pregunta personal. Debes ir a un sitio por compromisos sociales y le pides a tu esposa que te acompañe. Ella lo hace y después de una hora te dice: «No sé por qué te he acompañado, he perdido el tiempo, no me gustó la gente...». Tú, ¿no te sientes culpable?*

—Me parece interesante el ejemplo. Sí, podría suceder que me sintiera culpable. Vamos a tomar esa situación como base de nuestro análisis. ¿Por qué podría yo sentirme culpable? Observemos el esquema.

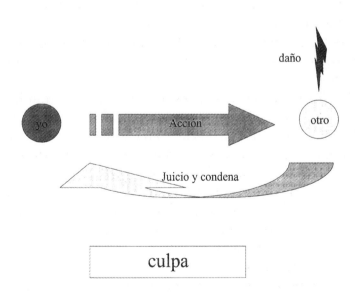

Hay un sitio donde estoy yo; esta flecha marcada con la palabra «acción» es lo que yo hice (invitar a mi esposa a que me acompañara); este que aparece como el otro es Perla. Ella se aburrió. Cuando nos marchamos, Perla dice: «Uf...». Quizás es todo lo que dice; pero yo, que la conozco, sé que algo no está bien y me doy cuenta de que no le gustó haberme acompañado. Entonces, dándome cuenta o no, me imagino el fastidio que yo sentiría si alguien me hubiera pedido que lo acompañara a un acto aburrido y, además, cómo yo estaría recriminándole interiormente al otro por ese fastidio. En el esquema, la flecha que vuelve es la supuesta recriminación de Perla. Y yo, que creo que tiene razón —porque sentiría lo mismo—, transformo todo eso en autoacusación.

—*Pero depende, porque si fue ella la que quiso acompañarte no hay culpa.*

—No hay responsabilidad, pero culpa puede aparecer igualmente.

—*Yo creo que no me sentiría culpable. Porque si yo mato a alguien, pero resulta que ese alguien es un asesino o alguien que quería hacerme daño a mí o a mis hijos, yo no me voy a sentir culpable.*

—O quizás sí... No importa. Entiendo lo que quieres decir. Pero es una pena empezar por la parte más difícil para entender un proceso. Creo que hemos estado escogiendo ejemplos complicados que no nos van a permitir entender cuál es el mecanismo básico que se da en torno al sentimiento de culpa.

Hay un antiguo cuento de un profesor de aviación que lleva a un alumno a aprender a pilotar. Cuando ya están en el avión, el profesor le pregunta:

—Supongamos que estás pilotando el avión, se produce una tormenta y arranca un motor, ¿qué harías?

—Sigo conduciendo el avión con el otro motor —le responde el alumno.

—Muy bien —dice el profesor—, pero si otra tormenta arranca el otro motor, ¿qué harías?

—Bueno —contesta el alumno—, seguiría con el tercer motor.

—Claro —dice una vez más el profesor—, pero a la anterior le sigue otra tormenta y arranca también el tercer motor, ¿qué harías?

—Pues bueno —contesta el alumno—, seguiría con el cuarto.

—Pero se produce una nueva una tormenta incluso y arranca el cuarto motor, ¿en ese caso qué harías?

—Seguiría con el quinto.

Entonces, el profesor le dice:

—Dime, ¿tú de dónde sacas tantos motores?

Y el alumno le responde:

—Y usted, ¿de dónde saca tantas tormentas?

—*¡Muy divertido!*

—Lo que te quiero decir es que si buscamos ejemplos basados en las complicaciones más extremas, seguramente perderemos la posibilidad de comprender, en primer lugar, el mecanismo sencillo, que es el cotidiano. Tú quieres analizar los casos especiales antes de terminar de comprender los cotidianos. Veamos qué pasa en un ejemplo sencillo.

—*Una salida al cine; cuando uno propone una película y el otro, una diferente. La mujer convence al marido de ver una peli romántica cuando el hombre querría ver una de suspense. La película resulta ser malísima y la mujer se siente culpable.*

—¿Por qué? ¿Cuáles son los pensamientos de ella?

—*Ella piensa que debió haberle hecho caso y ver la película que él quería y que le va a reprochar por haberlo llevado a remolque de su propuesta, sin estar segura de que la película era buena.*

—Muy bien, podría ser. Como el ejemplo que diste antes y también es sencillo: si me sintiera culpable sería por haberme anticipado a la recriminación de Perla.

—*Pero en ese ejemplo Perla sí te habría acusado.*

—En ese ejemplo Perla no me habría acusado, pobre Perla, lo único que habría dicho es un pequeño «uf...», casi un suspiro... Eso es lo que yo dije antes.

—*Pero si fuera real el que seguramente se sentiría culpable serías tú.*

—¿Yo? Yo no.

—*¿Ni siquiera sentirías remordimiento?*

—No, ¡qué va! Lo que yo estoy intentando que descubras no es si yo lo siento o no, sino cómo es que podría llegar a sentirlo. Tú misma has hablado antes de acusación. Para poder sentirme culpable tendría que empezar por notar en ella una acusación, una *exigencia*. En este caso, por ejemplo: «¡No deberías haberme invitado!». O algo así.

—*Pero aunque no lo diga, puedes tener una sensación interna.*

—Exactamente, la famosa *identificación* con una exigencia, para mí *justa,* a la cual no he podido responder.

Yo percibo que ella está malhumorada. Presumo que es porque no le gustó, porque se aburrió y, entonces, ante a su malestar —y a su imaginaria acusación, como decíamos antes— empiezo a sentirme mal, a sentirme culpable. Pero tengo que hacer algo más todavía antes de sentirme culpable. Me digo: «Tiene razón».

Míralo en el esquema:

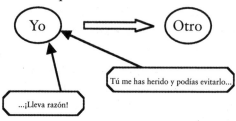

Ante esta situación de malestar, de acusación y de exigencia colocada por mí en su pensamiento, determino que ella tiene razón; y entonces no sólo me acuso sino que además me condeno y me penalizo. El castigo por mi falta es el automartirio y la forma de pagar es la culpa.

La culpa es el resultado de esta supuesta exigencia del otro, sea dicha o no sea dicha, sea real o imaginaria. La culpa no sucede frente al dolor, sucede cuando me imagino una exigencia y la acepto válida. Sentirme culpable por haber puesto a mi madre en una residencia geriátrica es posible en la medida en que sienta que ella me está diciendo «no me hagas esto, no es justo», y en la medida en que yo sienta que tiene razón.

—*Aunque a lo mejor mi madre está encantada en la residencia, con amigas, charlando...*

—Exactamente. Este es el punto más importante si quieres aprender a deshacerte de la odiosa sensación casi permanente de culpa en la cual nuestra sociedad a veces nos coloca.

Es este sentimiento de identificación con la exigencia lo que verdaderamente da origen a la culpa.

No es la sensación de haberse equivocado, ni la conciencia de falibilidad, ni la consecuencia necesariamente dolorosa lo que hace que uno se sienta culpable, sino la identificación con una exigencia del otro.

—*¿Has dicho identificarse con una exigencia del otro?*

—Eso mismo. Yo me estoy sintiendo exigido por una exigencia que veo en el otro, sea real o no.

—*¿Creamos una fantasía de que existe una exigencia?*

—Para usar la palabra adecuada, más que una *fantasía* yo diría que es una proyección.

Ahora vamos a ver qué pasaría si esa exigencia la estuviera proyectando yo sin saber si está o no en el otro. Recordemos el ejemplo de Perla, que lo único que dijo fue: «Uf...».

Y, en realidad, el «uf...» tal vez se debía a que le apretaban los zapatos. Pero yo creí que «uf...» era algo dirigido a mí, un reproche; que era la reclamación por haberla invitado a un sitio aburrido.

—*Pero nosotros también nos exigimos.*

—Por supuesto que también nosotros nos exigimos, nos autoexigimos, como tú decías. Hasta dentro de un rato, olvídate de la interpretación psicoanalítica, de si la exigencia es mía, del vecino, tuya, o del tío Pepito, porque si no, no vamos a entender cuál es el *mecanismo* que genera la culpa.

En los hechos reales, esa sensación displacentera aumenta cuanto más justo considero su reclamo. Si yo considero que la exigencia es injusta, no me siento culpable. Por ejemplo, yo no me siento culpable cada vez que mi madre me llama para decirme que hace mucho tiempo que no voy a comer a su casa, pero sí lo siento cuando creo que ella tiene razón y que hace mucho tiempo que no voy a visitarla. Ahora bien, si fui ayer y me llama para decirme que hace mucho que no voy, por supuesto que no creo que tenga la razón y, en consecuencia, no siento culpa. Y entonces uno se pregunta: ¿Quién dice qué es lo justo y qué es lo injusto?

—*Eso... Eso... ¿Quién?... Se puede pensar que es la sociedad... Las costumbres... La educación...*

—Lo que estoy diciendo es que detrás de la culpa siempre está tu propia manera de exigir. Las exigencias del otro pueden estar o no; es más, si están, sólo te producen esa sensación si se identifican con las tuyas. La culpa está, pues, en relación con tus propias exigencias; no sólo con tus autoexigencias. No se trata aquí de las cosas que tú te exiges a ti mismo, sino de las cosas que tú le exigirías al otro si cambiaran los papeles.

La mala noticia o, por lo menos, lo sorprendente, es darse cuenta de que si me señalas a diez individuos culposos, me estás mostrando diez individuos exigentes. Detrás de cada persona que se siente culpable, frecuentemente se esconde una personalidad que las Naciones Unidas han denominado con estas iniciales... Bueno, es broma, pero son éstas:

P. E.

—O sea, «puñetero exigente».

—*¡Ja ja ja...! ¡Qué gracia! Yo conozco, yo conozco...*

—Lo que estoy diciendo es que desconfíes de los pobres llorosos que sufren de la eterna tortura de la culpa, porque en muchos de ellos (si no en todos) hay un exigente encubierto. ¿Por qué? Porque está proyectando sus exigencias en el afuera y se siente culpable ante esas mismas cosas que él proyecta.

Margarita se siente muy culpable por no haber ido a visitar a su amiga Mabel que está enferma. Sospecha que en el futuro la amiga pueda reprocharla en cuanto la vea. Cree que debería ir. Sabe que a Mabel le dolerá su ausencia. Pero lo que verdaderamente la obliga a condenarse a la culpa es la vivencia, consciente o no, de cómo ella condenaría a Mabel si, en una situación similar, aquella no encontrara tiempo para visitarla.

—*Es muy duro esto que dices. De alguna manera el culposo es, no sólo un exigente, sino también un rencoroso.*

—Sí, y quizás algo más todavía. Imagina esta situación: el señor A, de pie frente al señor B, lo señala con el dedo acusador diciéndole todo lo que hizo mal. Lo recrimina, lo acusa, le demanda por su supuesto error. Trata de visualizarlo. ¿Qué supones que ese señor B siente frente a ese otro que lo acusa tan exigente?

—*Puede sentir varias cosas: angustia, cabreo...*

—¿Y qué otras cosas?

—*Ganas de mandarlo a hacer puñetas...*

—¿Qué más?

—*Depresión o ganas de darle un tortazo...*

—Muy bien. Toda violencia es el resultado de la impotencia. Pero en general, cuando alguien se siente exigido, la respuesta primordial que aparece es el cabreo. Es decir, a todos nos cabrea sentirnos exigidos. ¿Se entiende esto?

—*Sí.*

—Entonces, aquí aparece la contradicción. ¿Cómo puede ser que ocurra esto? ¿Cómo es que frente a la exigencia de otro, en lugar de sentir cabreo y agredir al exigente, acabo sintiéndome mal yo y cargándome de culpa?

—*Reprimo el cabreo porque pienso que la reclamación del otro es justa.*

—Sí, exactamente, pero ¿qué hago con el cabreo?

Esta es una cuestión que hay que resolver desde la psicología para terminar de entender este proceso. ¿Entiendes cuál es el planteamiento? Normalmente, cuando estoy cabreado, grito, peleo, pego, insulto... ¿Cómo es que, en este caso, siento cabreo y en lugar de expresarlo termino sufriendo, herido, impotente, sintiéndome mal? ¿Qué es lo que transforma mis ganas de cabrearme con el otro en culpa?

No olvides que las emociones son energía que fluye en nuestro interior y que están allí para transformarse en acción. Como hemos visto si uno no transforma las emociones en acción, esas energías se quedan dentro estancadas, como si fueran una bomba de tiempo. Entonces...

Me cabrea su exigencia, cierro el puño y preparo un golpe. Pero una milésima de segundo después de empezar el movimiento, pienso: «Bueno, pero es Armando, un buen tío, ha colaborado tanto conmigo... Y encima tiene razón... ¿Cómo le voy a pegar?» Tenga él la razón o no la tenga, yo lo quiero. ¿Cómo voy a dañarlo o destruirlo si lo quiero? ¿Qué hacer? No puedo parar el golpe porque el cabreo ya lo sentí y el golpe ya salió. Pero una parte de mí, quizás no siempre la más sana, encuentra una posibilidad. De alguna manera, pongo una barrera para proteger a Armando de mi propio golpe; pongo un muro para que lo proteja a él de mí y de ese modo evitar que el golpe le llegue.

Si todo terminara aquí estaría bien, pero lo que sucede después es que esa barrera se transforma en un espejo, y mi golpe rebota contra el muro y vuelve exactamente a su lugar de origen, es decir, vuelve hacia mí.

—*Pero ese golpe no es un golpe real. Quiero decir un puñetazo.*

—No. No lo es. El golpe imaginario vuelve hacia uno. ¿Cómo se siente? ¿Cómo es la vivencia del golpe dirigido hacia otro que vuelve hacia mí? Vuelve en forma de **culpa**.

Este mecanismo por el cual me hago a mí mismo lo que en realidad quiero hacerle a otro, se denomina **retroflexión**.

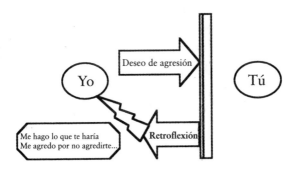

Ahora sí, podemos redefinir la culpa más precisamente. La culpa es la retroflexión de una agresión sentida frente a una exigencia muchas veces imaginaria. La culpa empieza y termina en uno, pero no como autoexigencia, sino como autorreflexión.

—¿Y si no fuera alguien a quien tú quieres? ¿Si ese cabreo fuera hacia alguien que odias?

—Es sencillo. El cabreo frente a su exigencia genera en mí las mismas ganas de desafiarlo o defenderme de su actitud, pero como no tengo compromisos que me induzcan a levantar la barrera, la agresión no es frenada y llega a destino. Y ahí, mientras el otro recibe mi respuesta puede ser que sienta alivio, placer, satisfacción o nada, pero culpa no.

—*También se puede asumir una actitud de indiferencia.*

—La cuestión de la indiferencia es difícil, porque la indiferencia se presta a un aire de superioridad en el que muchas veces se esconde la propia incapacidad para actuar el cabreo o la ira. Puede ser que tengas algo de razón; sin embargo, algunas veces, la indiferencia es sólo una excusa tibia de los que no nos permitimos conectarnos con nuestra agresividad (no con la violencia) ni siquiera para defendernos.

Desde esta perspectiva que te explico, la culpa no es más que una forma sofisticada de canalizar *agresión.* No es un «sentimiento noble», dirigido hacia el otro para compensarlo de los pesares que les hemos causado, sino una despiadada autoagresión producto de un resentimiento no actuado, para con esa persona.

—*¿Se puede actuar de otra manera frente a la culpa?*

—Como resultado de este planteamiento, si cada vez que uno se siente culpable pudiera revertir el proceso de retroflexión y reorientar la agresividad, es decir, volver la agresión hacia donde originalmente estaba dirigida, **inmediatamente** dejaría de sentir culpa.

Volvamos al ejemplo de mi mujer. Supongamos que al salir del sitio al que me acompañó, ella me dice «uf...». Imaginemos que le pregunto qué es lo que ha querido expresar con eso y ella me aclara: «Qué pesado ha sido, no sé para qué me has invitado a acompañarte». En ese momento, si en lugar de sentirme culpable pudiera darme cuenta de que me fastidia su reproche y decidiera actuar ese cabreo, entonces seguramente le diría: «¿De qué me estás acusando, qué te pasa? Has venido, si no te apetecía, no lo hubieses hecho, ahora no la tomes conmigo». Puede ser que mi enfado sea justo o injusto, pero no, no sentiría culpa, no habría lugar para la culpa. Si yo puedo actuar el cabreo que tengo frente a la exigencia del otro, no siento culpa. Sentiré miles de cosas extrañas y diferentes pero ninguna culpa.

—*¿Y cómo saber que no es una especie de construcción teórica para librarme de la culpa?*

—Veamos un ejemplo concreto de la vida cotidiana. Piensa en alguna situación de tu vida en la cual te hayas sentido culpable. Tómate uno o dos minutos para buscarla entre tus recuerdos... Puede ser de ayer mismo o de hace años... No importa... Recuérdala... Una vez que la tengas, busca el otro sentimiento; date cuenta de algún cabreo, de un resentimiento, de un enfado que no habían sido actuados hacia esa persona ante la cual te sentiste culpable. Si te atreves, vas a encontrar que sí, que con esa persona ante la cual te sentiste culpable, tenías resentimientos, cabreos, cuestiones no resueltas.

Pero lo más importante, lo que te va a sorprender, es que si te atreves a conectarte con la agresividad que ocultas pero que sientes hacia el otro, la culpa **desaparecerá**. ¿Entiendes lo que digo?

—*Entiendo. Pero qué podrían hacer las personas que cargan con sentimientos de culpa casi permanentes. Hay cosas que son muy antiguas y siguen ahí, sobre todo en las relaciones entre padres e hijos.*

—Vamos a dejar de lado la relación de los padres con los hijos, porque son relaciones «especiales»; pero no vamos a pasar de largo por la relación de los hijos con los padres. Son dos cosas diferentes. En nuestra cultura occidental urbana es muy frecuente que la relación con nuestros padres, especialmente cuando aquellos se hacen mayores, se contamine con sentimientos de culpa. ¿De dónde salen estas culpas? Salen de sentimientos que no tenemos claramente identificados.

—*Pero tú dijiste que detrás de la culpa había cabreo y resentimiento. Estás diciendo que uno está resentido con los padres o que está enojado con ellos. Yo no creo que sea así o, por lo menos, no es así en mi caso y estoy llena de culpas con mi madre.*

—Nos sentimos culpables, por ejemplo, de no visitar a nuestros padres tanto como lo demandan o de ingresar a nuestra madre en una residencia geriátrica o de ponerle límites a veces demasiado duros a sus pedidos. ¿Cuál sería la razón para el cabreo si los amamos y en general les estamos agradecidos?

—*Eso. Eso. ¿Por qué me voy a enfadar con ellos?*

—Primero y fundamental, porque no les perdono envejecer. Me molesta muchísimo que no sea joven, me crea complicaciones que no se pueda trasladar valiéndose de sus propios medios, me asusta que haya envejecido, me molesta muchísimo su decadencia, no tolero que no pueda valerse por sí misma, y me irrita tener que hacerme cargo de su decadencia más porque ellos estén decadentes que porque lo tenga que hacer. ¡Me molesta todo! ¡Me cabrea que eso sea así!

Pero, ¿qué voy a hacer? ¿Me voy a enfadar con ellos por eso? No puedo enfadarme con ellos. ¿Qué voy a hacer con la energía atrapada en la emoción? Me defiendo de ese cabreo. Retroflexiono. Lo voy a descargar en mí. Uno de los resultados de hacerlo es la culpa.

—*Me cabrea que ya no sea la madre que yo tuve.*

—Posiblemente. O la que nunca tuve pero siempre esperé tener. O darme cuenta de que ya no soy un niño. O...

—*Que nos demuestra que ha pasado su tiempo...*

—Y que nos quedaremos sin ellos. Pero... ¿Qué hacer con ese cabreo, presente, comprensible pero casi injusto? Culpa.

—*Eso da mucho que pensar, porque es muy difícil darse cuenta de esas cosas.*

—Muy difícil. Pero, ¿crees que es fácil para alguien vivir cargado de culpas toda la vida?

—*No.*

—Fácil o difícil, es necesario darse cuenta de que no hay nada malo en haberse quedado resentido frente a un aspecto del otro y actuarlo cautelosa y cuidadosamente. Es mucho peor esconderlo y sentirse culpable para siempre. Sobre todo, como decíamos antes, cuando empiezo a darme cuenta de que esta exigencia que veo en el otro quizás ni siquiera sea del otro y, en realidad, quizás sólo sea una proyección de mis propias exigencias. Hemos entrado en una especie de paseo psicológico por los mecanismos de defensa: retroflexión, proyección, identificación... No falta ningún punto.

—*¿Siempre que me reservo el enfado me siento culpable?*

—Existen tres formas fundamentales en las cuales podemos retroflexionar el cabreo y agredirnos por no actuar ese cabreo con el otro. Una es la culpa, otra es la depresión y la tercera es a través de las enfermedades psicosomáticas.

—*¿Tener una úlcera de estómago podría ser una de ellas, por ejemplo?*

—Por supuesto. En muchas enfermedades psicosomáticas, cuando el médico empieza a buscar, encuentra un componente psicológico: el paciente está muy resentido, pero nunca pudo actuar ni uno solo de esos sentimientos porque, por ejemplo, los considera emociones «negativas».

—*Ahora te quiero hacer una pregunta que puede tener que ver o no con los hijos. ¿Cuáles son los límites entre el pedido y la exigencia?*

—Podría adivinar la conexión que en tu mente tiene esa pregunta con tu relación con tus hijos, pero no voy a adivinar. Tú sabrás. Yo sólo te contesto. No siempre es fácil reconocer ese límite. Si tú apareces y me dices «¿me das un vaso de agua?», yo sé —y tú también— que depende de mí acceder a tu pedido o no. Pero si vienes y chillas «¡dame agua!», queda claro para mí que tú no crees que yo pueda elegir entre complacerte o no. Puede ser que te dé el agua de todas maneras, pero aunque no te la dé seguramente me va a cabrear tu modo.

—*Está claro. Pero reconoce que la diferencia entre demanda y exigencia no siempre es tan evidente.*

—Es verdad. Como norma y para tomar el mejor referente sería fijarse en la propia respuesta emocional en cada situación. Si frente a un pedido del otro yo siento que no puedo elegir, que no tengo el derecho a decir que no, si siento como si el otro ya hubiera decidido por mí, ese pedido es una exigencia aunque venga anticipado de palabras dulces y de formas muy elegantes. Esta carga, la de la expectativa del otro, me conecta con la desagradable vivencia de no poder elegir. Esto es, no hace falta que el otro me chille enfadado para que sea una exigencia. Puede ser que alguien me diga en voz muy suave: «Jorgito, tú que eres tan bueno, ¿podrías venir a mi casa esta noche a prepararme un cafelito? Porque yo no tengo a nadie, ¿sabes?...». Claro, yo escucho y pienso en todo lo que debo hacer antes de mañana, pero el otro sigue: «...porque mi hermano y otro amigo se ofrecieron, pero yo les dije: no. Para tomar café prefiero hacerlo con Jorgito...». Y empiezo a sentir el peso de su demanda sobre mis hombros y también siento la odiosa ambivalencia entre mis ganas de huir y la pena. Y empiezo a sentirme exigido, muy sutilmente, muy poco a poco... ¿Cómo le digo que NO? Y si termina diciéndome: «Porque parece que a nadie le importa quienes están solos en la vida...». Ya está sembrada la semilla de la culpa.

Sea más o sea menos evidente, la exigencia nunca da ganas de cumplimentar lo pedido, no da ganas de hacer nada, no da ganas de arreglar nada. La exigencia conecta con la resistencia. En este sentido, se puede comparar con la acción y reacción de la física: si la exigencia es una acción, la reacción es «no quiero»; es decir, si me exigen, no quiero.

—*Pero entonces me pregunto cómo puede ser que esta expectativa del otro, esta demanda, esta exigencia, no genere simplemente la reacción «no quiero».*

—La razón es (recuerda lo que ya dijimos antes) que uno se está identificando con esa exigencia o con el lugar desde donde es hecha. Como norma general no se puede sentir culpa si uno cree que si estuviera en esa misma situación depositaría en ese otro la misma expectativa que el otro está depositando en uno. Por eso digo hasta que se enojan conmigo que ningún culposo es sólo culposo; también es un exigente que se siente exigido.

—*Cuando uno piensa que haría lo mismo, dices...*

—Exactamente. Yo me siento culpable de haber mandado a mi padre a una residencia para poder sentir que estaría mal que mis hijos alguna vez me hicieran lo mismo.

—*¿Es eso, que uno piensa que le harán lo mismo?*

—Por supuesto. Yo creo que, en la medida en que cada uno de nosotros empiece a revisar su propia actitud exigente, posiblemente empiece a alejarse de las historias culposas. En la medida en que cada uno de nosotros deje de pensar que el otro **debe** aceptar mi propuesta, **debe** acceder a mi pedido, **debe** cumplir con la palabra dada, **debe** considerar privilegiadamente mi deseo... Va a dejar de colocar la exigencia en el afuera y, por lo tanto, va a dejar de sentirse culpable. Aquellas personas que dicen que no sienten culpa, quizás es porque, tal vez —ojalá sea sí— son muy poco exigentes. Y si tú no eres exigente, probablemente no sientas culpa.

—*Debo ser muy exigente yo...*

—Puede ser. Pero recuerda que para que aparezca la culpa no alcanza con serlo. En el sentimiento de culpa siempre tienen que estar presentes tres elementos: un otro que te exija —aunque su exigencia no sea real—, que tú sientas cabreo y, además, que no te atrevas a actuarlo.

—*La verdad es que ahora, después de haberte escuchado, tengo la sensación de que, si bien la culpa es un sentimiento, parece un sentimiento «falsificado», bastardo en verdad. Como si no fuera un sentimiento auténtico o espontáneo, sino algo inventado por nosotros para fastidiarnos a nosotros mismos. Pero también me pregunto: ¿cómo va a ser un sentimiento inventado si el otro día, al hablar con mi hijo, me di cuenta que con lo que me decía me estaba haciendo sentir culpable? Es más, recuerdo que le dije: «No me hagas sentir culpable», y él me repitió su recriminación y me hizo sentir más culpable todavía...*

—Para que profundicemos en este análisis, primero habría que ver qué cosas se ponen en juego cuando se afirma que alguien **hace sentir** culpable a otro. La primera cuestión que aparece, a la luz de lo que comentamos antes, es que para hacer sentir culpable a otro debería yo ser capaz de manifestar con claridad mi exigencia y demostrarle al otro cuál es el punto de identificación; esto es, convencerlo de la verosimilitud o de la identificación que debería sentir con mi reclamo.

¿Qué hago para lograr esto? Le digo al otro: «Tú me hiciste esto y a ti no te gustaría que yo te lo hiciera». Ese sería el camino a recorrer si pretendemos hacer sentir culpable a otro. Si lo instintivamente lo hacemos y es verdad, el otro diría: «Claro, tienes razón», y se sentiría culpable.

—*Si me lo hicieses a mí, me sentiría fatal.*

—Claro. Y posiblemente esa fuera mi intención si intentara algo así. Pero hay un pequeño problema aquí también. ¿Seré yo, o quienquiera que sea el otro tan poderoso como para **hacerte sentir** algo? Porque formulando la misma pregunta desde otro modo: ¿Cómo hace otro para que yo sienta algo?

¡Qué poder parece tener el otro sobre mis sentimientos para que yo sienta lo que a él le conviene, lo que le gustaría o lo que ha decidido que yo tengo que sentir...! Conozco y reconozco que si alguien te apunta con un arma en la cabeza, puede obligarte a que le des el dinero, pero ¿obligarte a sentir? ¿Será cierto que alguien tiene la capacidad de hacerme sentir algo (culpa o cualquier otra cosa) que yo, naturalmente, no esté dispuesto a sentir?

Te voy a contar algo que no tiene nada que ver con una gran verdad ni con nada que se le parezca, sino que configura una parte importante de mi composición del mundo y de mi visión de la conducta humana. Para mí fue muy importante darme cuenta de que en el terreno de los sentimientos, nadie puede hacerme sentir nada, absolutamente nada. Alguien puede hacerme sentir dolor, que es una respuesta biológica, orgánica, relacionada con terminales sensibles y nervios, pero nadie puede hacerme sentir emociones. Nadie puede hacerme sentir culpa, amor, odio ni nada. Estas sensaciones y sentimientos son míos, no del otro.

—*Bueno Jorge, pero no siempre te hacen sentir cosas desagradables... También hay algunos que te hacen sentir feliz...*

—Eso son los peores... A ver si te hago reír...Ten cuidado cuando el otro viene dulcemente y lleno de ternura a decirte «¡Me haces sentir tan bien!». Cuidado... Porque si uno cae en la tentación de creer que es cierto... Tarde o temprano podrá aparecer un «¡Me haces sentir muy mal!»; un «Me haces sentir infeliz»; y, por último, un «Me arruinaste la vida». Por eso digo siempre que comprarse la historia de lo que tú eres capaz de hacer sentir a otros u otros son capaces de hacerte sentir, es firmar una hipoteca. Atrevámonos a aceptar definitivamente la propiedad de nuestras emociones. Nadie te puede hacer sentir nada; tú sientes o no y no eres capaz de hacer sentir nada a nadie. No eres (nadie es) tan poderosa.

—Disculpa, pero es muy diferente si yo digo «me hiciste sentir fatal»; porque tú en ese caso puedes defenderte y pensar que no eres responsable. Pero si yo aparezco y te digo «¿sabes que me hiciste sentir muy bien?», tú, ¿cómo te sentirías? ¿No lo aceptarías aunque es algo gratificante para ti?

—Hay un viejo chiste que cuento hace muchos años que viene bien para aclarar esta cuestión.

En una elegantísima fiesta en una embajada, una señora de unos cincuenta y tantos conversa con el vicecónsul acerca de cosas mundanas. De pronto, se hace un silencio y la habitación se llena de destellos luminosos. Todo el mundo gira la cabeza en dirección a la puerta del salón por donde acaba de entrar una mujer con un discreto vestido negro pero que lleva pendiendo del cuello un enorme diamante, responsable del brillo que les llamó la atención a todos. Cada uno vuelve a sus cosas, excepto la protagonista de esta historia que ha quedado fascinada con el collar de la recién llegada y exclama en voz alta:

—¡Qué hermosa joya!

—Tan hermosa... —dice el vicecónsul— como para ser una de las piedras más famosas y más caras del mundo... El conocido diamante Ramírez...

—El diamante Ramírez... —repite la mujer—. ¡Qué belleza!

—Es uno de los tres más grandes y el más perfecto. 563 quilates tallados a la perfección. Ni una mancha, ni una falla, lo máximo en piedras preciosas...

—Qué suerte la de esa mujer, poder llevar en su cuello esta noche el diamante ese... ¿Ramírez?

—Ramírez. Sí —confirmó el diplomático—. Pero de todas maneras lo de la suerte está por verse.

—¿Por qué? —preguntó la mujer.

—Porque, como todas las grandes joyas del mundo, el diamante Ramírez carga una maldición. Al igual que existe la maldición del diamante de Kali y el conjuro del Ópalo de Pekín, existe la maldición Ramírez.

—La maldición Ramírez... —acotó la mujer sorprendida.

—Toda persona que decida llevar, aunque sea por una noche, el diamante Ramírez deberá soportar por haberlo hecho, la maldición Ramírez...

—Y ¿cuál es la maldición Ramírez que hay que soportar? —preguntó la mujer, quizás tratando de averiguar si compensaba...

—La maldición Ramírez —dijo el vicecónsul levantando la copa—, la maldición Ramírez es... ¡El Señor Ramírez!

—¡Qué bueno! Es realmente bueno el chiste. Se lo contaré a todos.

—Y te cuento esto porque creo que, bromas aparte, con el tema de **hacer sentir** sucede igual. Si decido creer en lo bien que te hago sentir y en mi capacidad de hacer feliz a alguien (es decir, me cuelgo el diamante), no voy a poder librarme de cargar con la responsabilidad de ser la causa de tu infelicidad (la maldición Ramírez).

Si yo he admitido y avalado que tu felicidad se debe a mí, ¿por qué no voy a creer luego que tu infelicidad también se debe a mí? Una cosa está asociada a la otra. Si me coloqué en la situación de creerme la primera mentira tendré que aceptar la segunda. Y te estoy diciendo que ambas son mentiras.

Vuelvo a decir, hay que asumir humildemente que no soy capaz de hacer sentir bien a nadie y, por supuesto, que nadie es capaz de hacerme sentir nada a mí. Yo soy capaz únicamente de sentir las cosas que siento. Y suponer que el otro tiene ese poder sobre mí sería ponerse en manos del otro.

—Pero el otro sí te hace sentir, ¿cómo que no? Una persona te puede inspirar sentimientos.

—Los sentimientos son otra cosa. Yo no digo que tú no puedas enamorarte, digo que nadie puede hacer que te enamores. Por ejemplo, yo estoy junto a mi mujer y me siento feliz, a su lado me siento contento, me excito, me enojo, etcétera. Pero soy yo; **yo siento** con ella, no es que ella me haga sentir. Y a veces ocurre que, afortunadamente, ella también siente. Y lo **siente ella**, lo siente conmigo; no es que yo la haga sentir.

Esto es parte de un planteamiento que gira, sobre todo, alrededor de la lucha por la conquista del poder. Creer que yo soy capaz de hacerle sentir al otro es una cuestión de poder.

—*Sin embargo, una misma persona hace a uno feliz y a otro infeliz. Éste se sintió bien con aquel y ése otro se sintió mal con esa misma persona. No es sólo el otro quien siente, sino que uno también inspira.*

—Más o menos. Pareces mi abuelo que tomaba anís con agua y se emborrachaba, y tomaba vodka con agua, y se emborrachaba, y empezó a tomar coñac con agua que igual lo emborrachaba. Hasta que un día decidió eliminar el agua.

Y aunque te rías de mi abuelo, es simplificar demasiado asegurar que si yo tengo problemas de vínculos con cuatro o cinco personas, eso garantiza que el problema sea yo. Yo soy responsable de lo mío, pero tú lo eres de lo tuyo. Aquí está la cuestión. ¿Qué significa la palabra responsabilidad? Nosotros estamos demasiado entrenados para creer que la **responsabilidad** tiene que ver con la obligación, y no es así. La palabra responsabilidad tiene otra raíz, otro origen que no está vinculado con las obligaciones.

—*Lo sé. Procede de «responder».*

—Sí, exactamente, de ahí viene la palabra. **Responsabilidad** es la habilidad de respuesta. Ser responsable es **responder** por mis acciones. Alguien deja un vaso a mi cuidado; el vaso se me cae y se rompe. «¿Qué pasó con el vaso?», pregunta el dueño. Y yo contesto: «Se me rompió a mí».

Y te aclaro algo más, ya que estoy como la madrugada aclarando... Cada uno de nosotros es absolutamente responsable de todo lo que hace y también de lo que no hace. De lo que dice y de lo que se calla.

Pero no por eso vamos a hacernos responsables de lo que el otro sienta con lo que uno haga. Vamos a volver al ejemplo que apareció antes. Yo no me puedo hacer responsable de que tú te sientas mal por lo que yo digo. Yo hago lo mío sin obligarte ni condicionarte, sin presiones ni violencia y si alguien se siente incómodo, ésa será su historia. Tú te has sentido mal; aquél se puso contento; a alguna persona le dio igual; a la de más allá le resultó divertido... No soy responsable de esto ni de aquello; mi responsabilidad está restringida únicamente a hacerme cargo de lo que yo hago. Supongamos que me dices: «Jorge, tú has dicho esto y todos nos sentimos mal». Yo te respondería: «Sí, eso dije». Y quizás añadiera: «Lamento que os hayáis sentido mal». Pero seguro que no me pondría a pensar que muchísimas personas se sintieron mal por culpa mía...

En resumen, creo que hay que dejarse de historias de culpa, que hay que recanalizar los cabreos no actuados, hay que dejar de sentirse culpable y empezar a sentirse adultamente responsable de las cosas que uno hace. Es necesario para nuestra salud y desarrollo que nos demos cuenta de que nosotros no tenemos ninguna obligación de responder linealmente a las exigencias de nadie, que ni siquiera tenemos derecho a esperar que el otro cumpla con todas nuestras expectativas. Significa entender aquello que Fritz Perls llamaba a Oración Gestáltica y que de alguna manera es para mí la base de todas las relaciones interpersonales.

> **YO SOY YO Y TÚ ERES TÚ,**
> **YO NO ESTOY EN ESTE MUNDO PARA**
> **LLENAR TUS EXPECTATIVAS**
> **Y TÚ NO ESTÁS EN EL MUNDO PARA**
> **LLENAR TODAS LAS MÍAS,**
> **PORQUE TÚ ERES TÚ Y YO SOY YO.**

Si nos guiáramos por esta especie de credo de la salud en las relaciones interpersonales cada uno tendría que ocuparse de sus propias expectativas y de sus propias limitaciones; le guste o no le guste lo que descubre. Claro, no es bonito. Nos gusta más creer que tenemos el poder de hacer sentir bien al otro y hasta de hacerlo sentir mal. Nos serena pensar que podemos obligar a alguien a querernos o manipular su culpa o satisfacer sus necesidades.

—*Bueno, eso nos calma la angustia de sentir que estamos solos y desprotegidos.*

—Lo que calma la angustia es darnos cuenta de que no somos omnipotentes. Quizás sea la estúpida exigencia de no equivocarnos nunca lo que termina por desembocar en lo que nos asusta nuestra impotencia.

Y ya que he hablado de omnipotencia, voy a aprovechar una vez más para desmitificar la idea de pobrecito que nos genera el que dice cargar con toda su mochila llena de culpas. Para poder acusarme y condenarme por haber dañado es indispensable creer que yo podría haber evitado lo que sucedió. Dicho en los términos corrientes, debo poder ser responsable de mi acción. Es muy difícil pensar que alguien pueda sentirse culpable por las inundaciones de Nueva Orleans... Y, sin embargo, algunas veces sucede. ¿Cómo se explica? Sucede que el hecho de que yo **no sea** verdaderamente responsable, no evita que yo **me crea** responsable. Y eso es posible, sobre todo, cuanto más poderoso me considere. Alguna vez te he contado anécdotas sobre argentinos en España. Te cuento una más: se dice que somos tan engreídos, que si alguien se cruza con un argentino en Madrid y le dice «qué hermoso día», el argentino contestará:

«Se hace lo que se puede...».

Por lo tanto, cuanto más omnipotente me crea, más probable es que acabe creyendo que yo podría y debería haber evitado el daño que el otro sufrió. Siempre recuerdo cientos de casos de personas que han pasado por mi consulta sintiéndose culpables de los accidentes de personas queridas, de los cuadros alérgicos de familiares y de que hubiera llovido en las fechas elegidas por ellos para hacer una barbacoa en el campo.

No es casual que uno de los primeros libros de autoayuda que apareció en el mercado de la autosuperación, cuando todavía no existía un mercado para los libros de divulgación psicológica, fuera *Cuando digo no me siento culpable.*[*] El libro, que es bastante claro en algunos puntos, plantea que es simplemente el decir que NO lo que me puede conectar con la emoción dolorosa de la culpa. A poco de estudiar algunas de esas situaciones empezamos a descubrir que dicha culpa, la que sentimos al decirle que no al otro, siempre está relacionada con una pequeña cuota de placer. Aunque sólo sea por la satisfacción de no hacer lo que uno no desea (recordar la regla popular de «No hay placer sin culpa»).

—*¿Por qué debería yo sentirme culpable al hacer lo que yo quiero en lugar de lo que el otro quiere?*

—Esto funciona como un extraño misterio que forma parte indisoluble de nuestra educación occidental y cristia-

---

[*] Manuel Smith, *Cuando digo no, me siento culpable*, Debolsillo, Barcelona 2004.

na. La idea que te fue inculcada es que deberías pensar en el otro antes que en ti mismo, porque si no, eres egoísta (¿recuerdas? Hablamos de eso hace unos días). Y entonces, cuando pienso en mí, en mis deseos y en mis prioridades, me siento culpable, porque en ese solo hecho estoy contrariando pautas de generaciones y generaciones de ancestros que formaron esta cultura. Esta es nuestra educación. Y no estoy diciendo que esté de acuerdo; estoy diciendo que esto es lo que sucede.

—*Pero Jorge, no me vas a decir que estás en contra de educar a los niños en dirección a la actitud solidaria y la renuncia al placer inmediato.*

—No. Estoy convencido de que hay que enseñar a nuestros hijos a aprender el placer de ayudar, pero sólo a nuestros jóvenes. Como adultos podríamos desembarazarnos de esa pesada mochila y empezar a elegir libremente nuestras acciones sin sentirnos culpables sólo porque algunas veces elegimos en función de nuestro propio placer.

—*Pero para eso tendríamos que romper con el modelo de educación que tenemos.*

—Es que yo creo que de eso se trata. Sólo a partir de romper con el modelo de la educación que cada uno ha recibido se empieza a ser capaz de elegir la propia conducta; y sólo a partir de eso es posible dejar de sentirse culpable. Nosotros nos sentimos culpables cada vez que hacemos algo que se supone que no debemos hacer, pero como también se supone que no debemos dedicar nuestro tiempo y dinero al placer, entonces está claro que nuestras pautas educativas estén puestas al servicio de que no podamos disfrutar.

—*Jorge, antes dijiste que yo me siento culpable cuando soy responsable del supuesto daño y ahora dices que también puedo sentir lo mismo cuando disfruto mientras el otro sufre, ¿no?*

—Sí, eso dije.

—*Sin embargo, hay una situación en que no ocurre ninguna de esas dos cosas. Cuando vemos gente que sufre miseria o personas discapacitadas padeciendo, ¿por qué voy a sentirme culpable si yo no tengo nada que ver?*

—¿Sabes por qué? Vamos a utilizar lo aprendido hasta ahora para explicar esta «excepción». Primero, tal como dijimos, un pequeño resto de idea omnipotente puede hacernos pasar por la fantasía de que tú o yo podríamos nosotros mismos, con solo desearlo, eliminar la miseria del mundo o curar a todos los discapacitados. Segundo, si nos ponemos a pensar, no podremos dejar de darnos cuenta del placer que nos da, por ejemplo, el simple hecho de tener las dos piernas. Y por último, a veces aparece allí en el fondo un pequeño y terrible argumento que es el de tranquilizarse al comprobar que es otra persona a la que le pasa eso y no a mí...

—*Pero no se dice...*

—No, claro que no se lo dices. Nadie se atrevería a decirlo. Yo tampoco. Nos sentiríamos monstruos si dijéramos algo así. Pero esto es lo que genera esa culpa.

—*¡Pero con lo que acabas de decir me haces cambiar todo lo que he pensado hasta ahora! Porque va a resultar que ¡el que ayuda es un monstruo!...*

—No. En absoluto. El verdadero solidario, el que de verdad ayuda a otros, es alguien que es capaz de ayudar pero no porque se siente culpable, sino porque siente placer al ayudar.

Lamentablemente, es tan poco frecuente encontrar a los que han descubierto el placer de ayudar, que todas las asociaciones de beneficencia del universo se sustentan en la culpa para poder conseguir que la gente haga su aportación; y lo hacen así porque no consiguen nada de otra manera, no porque les parezca lo mejor. Pero que no haya otra manera no quiere decir que sea una buena manera.

—*Que te resulte reconfortante no estar viviendo la situa-*

ción de otro que sufre es un pensamiento horrible. Pero ahora que lo dices, me doy cuenta de que es verdad, ése es el pensamiento, porque no deja de ser una suerte no estar en su lugar.

—Sí, es una suerte para ti, para muchos otros y para mí. Por eso me siento culpable, sobre todo por el placer que me da que sea él y no yo, ¿entiendes? Me siento culpable ante esa espantosa situación de ponerme contento porque es otro el que está sufriendo.

Y entonces aparece la compensación: la defensa frente a mis verdaderas y profundas emociones, la necesidad de solucionar la miserable opinión que tengo de mí mismo, la decisión de ayudar, la caridad, la compasión.

—Me gusta la palabra compasión... «Con» pasión.

—Es verdad que es una hermosa palabra, aunque en su origen no habla de una situación pasional sino de ser capaz de padecer al lado del que sufre. Por eso, muchas veces, cuando la caridad tranquiliza no es una buena acción. Es como estar diciendo: «Yo no tengo nada que ver, yo ayudé».

La ayuda tampoco enaltece cuando se brinda desde la culpa, porque aparece como un acto casi mezquino. Hay que tener muy claro esto para poder decir que no y no sentirse culpable. Cuando estamos en un restaurante, más o menos caro, tranquilos, pasándolo estupendamente y viene un niño mendigando y nos dice: «¿No me daría algo para comer...?», es muy fuerte, no podemos decir que no porque nos llenaríamos de culpa el alma, de verdad. Y ya no importa si es cierto que tiene hambre o no; él ha aprendido o alguien le ha enseñado —da igual— qué es lo que tiene que decir y en qué momento, si quiere obtener un resultado. Y me parece bien que haya aprendido eso. ¿Entiendes esto que te digo?

—Sí.

—Ojalá cada uno de nosotros pudiera dar lo que quiere

dar, pero que no sea para solucionar la culpa. Ojalá cada uno pudiera soportar ser lo solidario que es o ser lo mala persona que es, pero ser cada uno lo que verdaderamente es. En definitiva, éste es el desafío de ser un adulto.

Para terminar con esta idea: aunque nos duela saberlo, a veces sucede que transformamos nuestra culpa en un montón de sentimientos aparentemente más nobles y generosos pero que no son buenos, porque son todos *de imitación*, sintéticos.

A la cabeza de estas sensaciones está la peor, la más denigrante de las maneras de disimular la culpa: **la lástima**. Si la culpa es la transformación de los sentimientos auténticos en un falso sentimiento, la lástima es peor, porque ni siquiera es un sentimiento, es sólo un **pensamiento basura**.

—*Espera, espera, que ahora tengo un cuestionamiento. ¿No quedamos que a los dos nos gustaba la palabra compasión? ¿No es lo mismo que la lástima? ¿También es malo sentir compasión?*

—No. No, nada está mal. Y la compasión menos que nada. Yo no digo que tal cosa esté mal y tal otra esté bien. El hecho de que yo sea tan entusiasta en mis posturas no me hace más inteligente. El hecho de que yo hable como si dijera no se pudiera pensar de otra manera es una deformación profesional, no un índice de certeza. Por eso repito ahora lo que digo desde hace años, en cada sesión, en cada conferencia, en cada charla, en cada libro: utiliza esto que digo para repensar tus propias convicciones y NO para pensar como yo. Para pensar como yo... ¡Ya estoy yo!

Pero continuando, yo creo que la compasión y la lástima se parecen sólo en la superficie. Cuando yo me siento culpable de tener y que tú no tengas, ese sentimiento es capaz de transformarse en **lástima** (pobrecito tú que no tienes esto para que lo tenga yo). Pero cuando me alegra tener, para poder compartirlo contigo, soy capaz de apenarme por tu dolor sin sentir culpa. Y eso es la **compasión**. La virtud de sentir el dolor ajeno en sintonía con él.

La lástima es el sentimiento de los soberbios, de los que se sienten por encima de los demás. Prima hermana del desprecio, es casi lo peor que se puede sentir por alguien. Uno puede hacer cosas porque siente cariño por el otro, puede hacer cosas porque es solidario con el otro, puede hacer cosas porque tiene ganas de hacerlas o porque cree que tiene el deber y la obligación de hacerlas. Pero hacerlas porque el otro le da lástima, repito, eso es de lo peor.

—*Pero pienso que, sin culpa, la humanidad no hubiera llegado hasta este momento.*

—Muy bien. ¿Pero tú sabes por qué?

—*Porque la culpa es, en última instancia, lo único que impide que los hombres se maten unos a otros.*

—Bien. ¿Hay algo más que puedes añadir a esta idea?

—*Quizás: porque, a pesar de lo que dices, la culpa te obliga a ayudar al que lo necesita. Si no, esto sería la ley de la selva.*

—¿Algo más?

—*Bueno, que la culpa es parte de nosotros y hay que aprender a convivir con ella.*

—Muy bien. El médico psicoanalista y escritor argentino Marcos Aguinis escribió un libro muy interesante sobre el tema que aborda éstas y otras posibilidades. Se llama *El elogio de la culpa** y es un libro maravilloso, que de paso si alguna vez cae en tus manos, recomiendo que leas.

Aguinis es un genio y lo que dice en su libro tiene mucho de verdad, y aun así hay otra posibilidad. Otra manera de ver las cosas.

* Aguinis, Marcos, *Elogio de la culpa*, Planeta Argentina, Buenos Aires, 1993.

Yo he aprendido en mi experiencia como paciente y como terapeuta que la culpa actúa en nosotros como un subproducto exclusivamente educativo, muchas veces antinatural y en general bastante pernicioso. Y creo más aún, creo que la culpa es de hecho uno de los símbolos emblemáticos de nuestras neurosis. Me resisto a cederle ni siquiera un poquito de elogio y más aún a reconocerle haber beneficiado a la humanidad, que si lo ha hecho fue de casualidad y dependiendo de quien lo evalúe. Esto es lo que creo. Lo que sé es que muchas veces, demasiadas, ha hecho mucho daño a muchos individuos y con ello ha producido enormes pérdidas desde el punto de vista social.

—*Pero yo me acuerdo que mi terapeuta me decía que si no sintiéramos culpa, haríamos todo lo que se nos pasara por la cabeza o seríamos todos psicópatas.*

—Veamos, un psicópata es un individuo cuya patología consiste en un trastorno de límites. Un delincuente nato. Para que quede claro, un psicópata es lo que en el lenguaje para nada científico de mi barrio se llamaba ¡¡un mal nacido!! Perdón.

Me refiero a alguien que puede hacer las peores maldades sin que se le mueva un pelo e incluso disfrutando al hacerlas. Y es cierto que pueden, seguramente, porque no sienten culpa. Los psicópatas tienen una incapacidad para identificarse con el sufrimiento ajeno y entonces ese pensamiento que vimos como generador de la culpa —«si yo estuviera en su lugar no me gustaría que me hicieran esto»— jamás pasa por su cabeza. Todo esto es verdad. Pero de ahí a pensar que es la culpa la que nos impide transformarnos en eso hay mucha distancia. Si tengo tuberculosis voy a tener accesos de tos. Pero pensar que si estoy tosiendo me convertiré en tuberculoso, es un disparate.

—*Como dice un amigo mío, no es lo mismo decir «dale a la puerta que te voy a abrir» que «abre la puerta que te voy a dar».*

—Exactamente. Pero nos queda una pregunta: ¿por qué la educación nos enseña a sentirnos culpables si es tan dañino? Y esta pregunta es la llave de todo el planteamiento filosófico que se esconde detrás de cada una de estas dos posturas ante a la culpa.

Si parto del preconcepto de un hombre esencialmente malo, dañino, cruel y destructivo, entonces tendré que crear los mecanismos para controlarlo (la represión y el castigo); y luego, los mecanismos para que se autorregule (la culpa). Pero si yo partiera de la idea de un ser humano esencialmente noble, generoso, cariñoso, solidario y creativo, entonces no necesitaría inculcar la culpa ni educar represivamente.

Pues bien, como te habrás dado cuenta, yo parto del segundo concepto del mundo y de la humanidad. Y partiendo de ahí, la culpa sólo sirve para crearnos conflictos, para volvernos más y más neuróticos, menos y menos auténticos. Lo cierto es que tú no matas a tu vecino cuando pone la radio a un volumen muy alto, porque no quieres matarlo y no porque la culpa te frene. De hecho, la culpa frena sólo a los que nunca matarían. A los otros, a los verdaderos asesinos, no los frena ni los ha frenado nunca. Por eso, siempre que hablo de esto me acuerdo de una frase que un día se me ocurrió y siento que hoy refleja absolutamente mi postura:

> LA CULPA ES UN BOZAL
> QUE LES CABE SÓLO A LOS QUE NO MUERDEN

¿Has visto qué hermosa noche?... Hemos hablado demasiado este día. Hace un rato que estoy buscando en mi cabeza un relato final para contártelo. Hemos hablado de temas tan densos y movilizadores que prefiero acabar con esta «casi» graciosa historia... «casi» de la vida real:

La madre ve que su hija se está arreglando para salir aquella noche con su jefe, que la había invitado por primera vez. Mientras la joven, que tenía 18 hermosos años muy bien llevados, se maquillaba, la madre comenzó a llorar...

—¿Qué pasa, mamá? —preguntó «la niña».

—Es que **yo sé** lo que va a pasar esta noche —dijo la madre.

—¿Qué va a pasar esta noche, mami?

—Esta noche, hija, tu jefe te va a venir a recoger en un coche de lujo. Te va llevar a cenar a uno de esos lugares caros con velas y músicos que van tocando el violín entre las mesas. Después te va a llevar a una discoteca y a tomar una copa en algún lugar oscuro y, mientras estéis bailando, te va decir lo guapa que eres y todo eso...

—Bueno, mamá. ¿Y qué pasa? —pregunta la hija.

—Que después te va a invitar a conocer su apartamento. Yo sé como va a pasar todo.

—¿Y?

—Y el apartamento va a ser uno de esos pisos modernos que tienen un balcón desde donde se ve el río. Y entonces, mientras estéis mirando por el balcón, él va a poner música y va a destapar una botella de champán. Va brindar por ti y por vuestro encuentro y te va a invitar a que veas toda su casa... Y entonces es cuando podría pasar la tragedia.

—¿Qué tragedia, mamá?

—Cuando lleguéis al dormitorio, él te va a mostrar las vistas desde ahí y te va dar un beso; eso no me asusta. Pero después, hijita, después... Él te va a mostrar la cama y se va a arrojar encima de ti. Y si tú le permites que se acueste encima de ti, yo me voy a morir. Y si yo me muero, tú vas a cargar con esa culpa durante el resto de tu vida... ¿Entiendes ahora por qué lloro, hija? Lloro por ti, por tu futuro.

—Bueno, mamá, quédate tranquila. No creo que pase eso que dices.

—Recuérdalo, hija, recuérdalo... Si esta noche él se sube sobre ti me moriré de pena... no lo olvides.

A la hora prevista, un coche de importación, carísimo, se detiene ante la puerta de la casa familiar. Suena el claxon, la hija sale, sube y el auto parte...

A las cinco de la madrugada, «la niña» vuelve a casa. La madre, por supuesto, está despierta, sentada en el sillón.

—¿Dime hija? ¿Qué ha pasado? Cuéntale todo a tu madre.

—Mami, ¡es increíble! Todo ha sido como tú me habías dicho. El restaurante, la discoteca, el apartamento, todo.

—¿Y? ¿Y?

—Pero cuando llegamos al dormitorio y él quiso subirse encima de mí, yo me acordé de ti, mami. Recordé aquello de la culpa que me iba a quedar si tú te morías.

—Muy bien, hijita. Y te fuiste...

—No. Me acosté YO encima de él. ¡Y que sea su madre la que se muera!

—Me alegra comprobar por tu risa que te ha gustado el último chiste. Ahora sólo una cosa más para satisfacer mi manía pedagógica: Quiero pedirte que te quedes pensando solamente en algunas pocas ideas:

Hay que dejar que salgan las emociones.

Hay que sacarlas hacia donde van dirigidas.

No hay que reprimir, ni tragarse las cosas.

No hay que retroflexionar, ni las buenas ni las malas, ni las positivas ni las destructivas, ni las mejores ni las peores.

No hay que vivir regalando compulsivamente cosas cuando en realidad necesito que alguien me regale alguna vez algo a mí.

No hay que vivir enfadándome conmigo para no enfadarme con aquellos que me colman de sus expectativas.

Hay que asumir la total responsabilidad de todo lo que

hacemos, de todo lo que decimos y de todo lo que decidimos no hacer y no decir.

Si lo hacemos así, no habrá más necesidad ni motivo para sentirse culpable.

Y sin culpas la vida será mucho, pero mucho más placentera.

—*Gracias Jorge, gracias por todo.*

—Gracias a ti por haberme permitido repensar estas cosas...

—*Me quedo también con eso del bozal para los que no muerden...*

—Ahora no es mi caso, tengo un hambre...

9/08 2   4/08
11/09 2   4/08
10/12 ⑨ 3/12
10/14 ⑨ 3/12
12/18 ⑬ 11/16